VOL. 25

Dados Internacionais de Catalogação na Publicação (CIP)
(Câmara Brasileira do Livro, SP, Brasil)

Manhanelli, Carlos Augusto.
  Estratégias eleitorais : marketing político / Carlos Augusto Manhanelli. – 7. ed – São Paulo: Summus, 1988. (Coleção Novas buscas em comunicação; v. 25)

   ISBN 978-85-323-0311-0

  1. Campanhas eleitorais 2. Campanhas eleitorais - Brasil 3. Propaganda política I. Título. II. Série : Novas buscas em comunicação, v. 25.

88-0032
CDD-324.7
-324.70981

Índices para catálogo sistemático:

1. Brasil : Campanhas eleitorais : Ciência política 324.70981
2. Brasil : Marketing político : Ciência política 324.7
3. Campanhas eleitorais : Técnicas : Ciência Política 324.7
4. Marketing : Campanhas políticas : Ciência política 324.7
5. Propaganda política : Ciência política 324.7

Compre em lugar de fotocopiar.
Cada real que você dá por um livro recompensa seus autores
e os convida a produzir mais sobre o tema;
incentiva seus editores a encomendar, traduzir e publicar
outras obras sobre o assunto;
e paga aos livreiros por estocar e levar até você livros
para a sua informação e o seu entretenimento.
Cada real que você dá pela fotocópia não autorizada de um livro
financia o crime
e ajuda a matar a produção intelectual de seu país.

Carlos Augusto Manhanelli

Estratégias eleitorais

Marketing político

summus
editorial

ESTRATÉGIAS ELEITORAIS
Marketing político
Copyright© 1988 by Carlos Augusto Manhanelli
Direitos desta edição reservados por Summus Editorial

Capa: **Roberto Strauss**
Ilustrações: **Camila C. Costa**

1ª reimpressão, 2023

Summus Editorial
Departamento editorial:
Rua Itapicuru, 613 – 7º andar
05006-000 – São Paulo – SP
Fone: (11) 3872-3322
http://www.summus.com.br
e-mail: summus@summus.com.br

Atendimento ao consumidor:
Summus Editorial
Fone: (11) 3865-9890

Vendas por atacado:
Fone: (11) 3873-8638
e-mail: vendas@summus.com.br

Impresso no Brasil

NOVAS BUSCAS EM COMUNICAÇÃO

O extraordinário progresso experimentado pelas técnicas de comunicação de 1970 para cá representa para a Humanidade uma conquista e um desafio. Conquista, na medida em que propicia possibilidades de difusão de conhecimentos e de informações numa escala antes inimaginável. Desafio, na medida em que o avanço tecnológico impõe uma séria revisão e reestruturação dos pressupostos teóricos de tudo que se entende por comunicação.

Em outras palavras, não basta o progresso das telecomunicações, o emprego de métodos ultra-sofisticados de armazenagem e reprodução de conhecimentos. É preciso repensar cada setor, cada modalidade, mas analisando e potencializando a comunicação como um processo total. E, em tudo, a dicotomia teórica e prática está presente. Impossível analisar, avançar, aproveitar as tecnologias, os recursos, sem levar em conta sua ética, sua operacionalidade, o benefício para todas as pessoas em todos os setores profissionais. E, também, o benefício na própria vida doméstica e no lazer.

O jornalismo, o rádio, a televisão, as relações públicas, o cinema, a edição — enfim, todas e cada uma das modalidades de comunicação —, estão a exigir instrumentos teóricos e práticos, consolidados neste velho e sempre novo recurso que é o livro, para que se possa chegar a um consenso, ou, pelo menos, para se ter uma base sobre a qual discutir, firmar ou rever conceitos. *Novas Buscas em Comunicação* visa trazer para o público — que já se habituou a ver na Summus uma editora de renovação, de formação e de debate — textos sobre todos os campos da Comunicação, para que o leitor ainda no curso universitário, o profissional que já passou pela Faculdade e o público em geral possam ter balizas para debate, aprimoramento profissional e, sobretudo, informação.

*Dedico este livro a meus pais,
irmãos, esposa e filhos
e, principalmente, a
meu irmão Marcos Antonio Manhanelli,
pelo apoio e incentivo.*

AGRADECIMENTOS

Agradeço a: Antonio de Pádua Prado Jr., Carlos Estevam Martins, Neysa Furgler, Prof. Mário Sérgio de Camargo e Waldir Vecchio pelo incentivo; aos senhores: Amauri Parreira e José Costa (Espírito Santo), Wanda Torres (Maranhão), Maninho (Ceará), Ronei Orsini e Dr. Leopoldo Justino Girardi (Rio Grande do Sul), Tadeu Comerlato (Santa Catarina e Curitiba), Sr. Francisco Maia e Tom Eisenlohr (Brasília), Prof. Cid Pacheco (Rio de Janeiro), Dra. Gláucia (Amazonas), Prof. Francisco Gracioso e Emmanuel Publio Dias (Escola Superior de Propaganda e Marketing), que não deixaram morrer um bom projeto, e ao amigo e companheiro Ronald Kuntz.

Na 3.ª Edição, a Paulo Guimarães (Teresina-PI), por ter-me proporcionado a oportunidade de se desenvolver um bom trabalho no Nordeste; aos companheiros de luta: Elias Azulay (S. Luis-MA), Genival Ribeiro (J. Pessoa-Paraíba), Mauro Bonna (Belém-PA), Montalvão (Aracaju-SE), Públio O. Souza (Natal-RN), Prof.ª Maria Nilza (Belo Horizonte-MG), Lauro Letzow (Curitiba-PR), Ailso B. Correa (Goiânia-GO), Tales A. Lima (Recife-PE), Zilmar Silveira (Salvador-BA) e a orientação para minha formação acadêmica efetuada pelo amigo Prof. José Roberto Whitaker Penteado Filho (Escola Superior de Propaganda e Marketing-RJ).

ÍNDICE

Prefácio à 3ª edição 11
Prefácio 13
1. Estratégia 15
2. Definição Estratégica 17
3. Eleição é Guerra 21
4. Estratégia Inicial 33
5. Avaliação da Campanha 37
6. Previsão e Planejamento 41
7. Orçamento da Campanha 45
8. Cronograma de Atividades 51
9. Recursos Humanos nas Campanhas Eleitorais 53
10. Plataforma e Programa de Ação Parlamentar 59
11. O Candidato 63
12. A Mídia em Campanhas Eleitorais 69
13. O Palanque Eletrônico ou a Televisão Eleitoral .. 73
14. *Outdoor or not outdoor?* 79
15. Práticas para um Cabo Eleitoral 81
16. Campanha Eleitoral no Nordeste 85
17. Pesquisas 97
18. O *Marketing* Político Pós-Eleitoral 113
19. Modelo de Instruções para Fiscais de "Boca de Urna" e Mesa Apuradora 129
20. Histórias que a Política Escreveu 133
Bibliografia 137
O Autor 139

PREFÁCIO À 3ª EDIÇÃO

Após 14 anos de militância em campanhas eleitorais no sul do país, resolvi acompanhar de perto campanhas eleitorais no nordeste, pois muito se fala destas campanhas e sobre as diferenças existentes nas técnicas e táticas empregadas no Sul e no Nordeste.

Aproveitando um convite que me foi feito para assumir a superintendência comercial/Marketing de uma emissora de televisão no Nordeste (em Teresina/PI), comecei a pesquisar e a participar de campanhas eleitorais nesta região.

Nesta terceira edição, procuro descrever o processo eletivo que vem sendo empregado no nordeste do país e posso garantir aos leitores que as diferenças são muito poucas a nível estratégico. Respeitando-se a regionalidade, somos levados a acreditar que as ações e estratégias empregadas no sul do país são as mesmas usadas no nordeste do país.

Quanto à mudança de paginação, ouvi muitos leitores e críticos sobre a dificuldade de se acompanhar o raciocínio exposto nos capítulos do livro quando começávamos a explanar sobre pesquisas eleitorais, que é uma matéria mais técnica. Isto posto, aloquei este capítulo ("Pesquisas") no final do livro.

Espero que esta ampliação e nova paginação sejam de seu agrado.

Boa leitura.

PREFÁCIO

O empirismo e a desorganização, que normalmente têm caracterizado as campanhas políticas, tanto para cargo majoritário como para deputado e vereador, encontram nesse livro de Carlos Augusto Manhanelli o seu extertor.

Com maestria, o autor indica o clima e a atmosfera que devem presidir uma campanha: trata-se de uma guerra. E, assim sendo, são necessárias estratégias e organização.

O receituário vem lúcido, ao mostrar que há técnicas próprias para a venda do produto: o candidato. O *marketing* político desponta, portanto, como um setor específico, com características próprias, que exigem análise do produto dentro do quadro político, abrangendo o desejo dos eleitores, os concorrentes, os segmentos a serem atingidos, os materiais de propaganda, as condições financeiras, a colaboração da família do candidato etc.

O autor revela, por exemplo, a necessidade de um trabalho em uníssono de assessores e cabos eleitorais em torno da plataforma, devendo, mormente os candidatos a cargos proporcionais, atuar sobre determinados segmentos nos quais tenham respaldo.

Mas a primeira grande meta do autor diante da consagração da privação na campanha política é a de vender o próprio *marketing* político, ou seja, mostrar sua importância e seus resultados, para o que lança mão de interessante relato de experiências passadas, como a campanha do PT em Vitória, no Espírito Santo.

Importantes são também as indicações sobre o organograma de um comitê de campanha eleitoral e sobre os recursos humanos a serem arregimentados; políticos, simpatizantes, cabos eleitorais, bem como o treinamento a que devem ser submetidos.

Por fim, resta produzir o produto — o candidato —, tendo em vista sua postura, seu modo de ser, suas qualidades e suas dificuldades.

A idéia-força, o *slogan*, o mote da campanha são outro desafio.

A campanha eleitoral exige, portanto, saber e arte, e o *marketing* político é essencial à prática democrática da persuasão, como técnica que se vale de idéias e de sensações, da organização e da avaliação acerca do próprio candidato, do eleitorado em geral, dos segmentos a serem atingidos, dos concorrentes e das pesquisas de opinião pública.

Há uma relação entre a elevação do nível de civismo, consciência política do eleitorado e a exigência de que as campanhas eleitorais se estribem nos conhecimentos e técnicas do *marketing* político.

Na medida em que o coronelismo, os currais eleitorais, o clientelismo perdem força, o eleitorado, liberto das amarras do obscurantismo e da subserviência, requer a prática do *marketing* político como técnica de cooptação e de persuasão.

Ganha a democracia, que significa, antes de tudo, exercício ativo de cidadania.

A campanha eleitoral é uma guerra, mas que fortalece a democracia e deve ser enfrentada com armas e estratégia democráticas.

É isso que nos ensina Carlos Augusto Manhanelli.

Miguel Reale Júnior

1. ESTRATÉGIA

Definição de Aurélio Buarque de Holanda Ferreira, em seu *Novo Dicionário da Língua Portuguesa*:
Estratégia: arte de aplicar os meios disponíveis com vistas à consecução de objetivos. Arte de explorar condições favoráveis com o fim de alcançar objetivos específicos.

Definimos as estratégias utilizadas em *marketing* político como sendo a arte de impetrar ações com o intuito de destacar um nome e suas qualidades junto aos eleitores da forma mais clara e definitiva possível, levando, nestas ações, informações de conteúdo que façam o eleitorado assimilá-las com o objetivo de, no primeiro instante, eleger o dono do nome a um cargo eletivo, e posteriormente alimentar este conceito e defendê-lo.

No tópico eleições, da matéria *marketing* político, à qual passaremos a nos dedicar, as estratégias dividiram-se em: inicial, avaliação da campanha, previsão, planejamento, finanças, plataforma e programa de ação parlamentar, recursos humanos, amenizar ataques sofridos, atacar e prever contra-ataques, destacar-se nos órgãos informativos, posicionar-se perante problemas atuais, alianças, imagem pós-eleitoral, composições pós-eleitorais e todas as ações que demandem um retorno esperado.

Comparamos a estratégia com a natureza no ciclo botânico, onde todas as ações têm o tempo certo para serem acionadas, ou seja, semear, regar, rarear, adubar, podar, e, se tudo for efetuado no seu tempo, colheremos bons frutos; caso contrário, encontraremos dificuldades em fazer vingar o que foi plantado.

Entre o plantio e a colheita, algumas correções entram em ação para resolver problemas que não foram previstos e, se aplicadas criteriosamente, colocam em segurança as plantas.

Assim é uma campanha eleitoral. Semeamos uma idéia, regamos com discussões e conversas com amigos e assessores, rareamos e deixamos os bons conselhos, adubamos com ações no sentido de direcionarmos a estratégia correta, podamos as arestas do que possa estar fugindo ao controle, e, se tudo for feito corretamente, temos uma campanha a ser lançada.

Entre o lançamento da campanha e a apuração dos votos, algumas correções entram em ação para resolver problemas que não foram previstos e, se aplicadas criteriosamente, colocam em segurança e no mesmo caminho a campanha.

Nas estratégias aplicadas em campanhas eleitorais, o mais importante são as informações, às quais teceremos maiores comentários no capítulo "Pesquisas".

A transformação das informações adquiridas em ação efetiva é a famosa estratégia.

Concluindo, quanto mais precisas forem as informações usadas para se montar uma estratégia, menor chance de erro na estratégia de ação proposta.

Não pretendo com este livro esgotar a matéria, mas iniciar um raciocínio lógico e técnico sobre tema tão subjetivo como as estratégias utilizadas em campanhas eleitorais.

2. DEFINIÇÃO ESTRATÉGICA

Em política, a estratégia deve ser utilizada como se utilizam os generais em tempo de guerra, pois a única ação vergonhosa em campanha eleitoral é perdê-la. Faremos pois, nesta fase, a definição estratégica da campanha, que nada mais é do que decidir a forma de combate a ser considerada na batalha pelos votos.

O processo eleitoral

O processo eleitoral é regido por três leis básicas: a lei da indiferença, a da procrastinação e a da efemeridade. O "estrategista eleitoral" tem que ter em mente o tempo todo estas regras que terá que combater.

Na lei da indiferença, estão inseridos os indecisos e indiferentes que não notam, ou fazem força para não notar, o que se passa ao seu redor. O que aconteceria se no Brasil o voto fosse facultativo? Nos EUA apenas 30% da população votam, o resto é indiferente.

Lei da procrastinação: dizem que o brasileiro costuma deixar tudo para a última hora (entrega da declaração do Imposto de Renda, compra de ingressos para eventos etc.). Nas eleições, ele não foge à regra. A grande maioria dos eleitores deixa para decidir em quem votar no último momento.

Lei da efemeridade: durante as campanhas eleitorais, as pesquisas demonstram as oscilações que existem na opinião do eleitorado. Isto mostra o quanto muda a intenção de voto. Qualquer acontecimento, fala ou ação do candidato pode influir na decisão final. Cito como exemplo o ocorrido na zona Leste de São Paulo, na campanha para prefeito. No dia 15 de novembro, em uma das avenidas que dá acesso aos maiores conglomerados habitacionais da cidade, apareceu durante a madrugada, próximo a um semáforo de passagem de pedestres, um corpo coberto por um lençol com duas velas acesas a seu lado e um policial tomando conta. Rapidamente formou-se uma "roda" de curiosos para saber o que havia acontecido. Os carros que transitavam pela avenida andavam lentamente ou paravam para saber o ocorrido. O guarda não deixava ninguém se aproximar do corpo e explicava que o morto era uma senhora que atravessava a rua com seu filho e fora atropelada, morrendo imediatamente, e a criança estava no hospital entre a vida e a morte.

Isto durou até às 17 horas, e as pessoas que estavam ao lado comentavam o "tipo de cidade que vivemos", "onde está o rabecão para levar o corpo" e "a administração da cidade está abandonada". Conclusão: ao final do dia, verificou-se que o "corpo" não passava de um manequim (boneco), que estava embaixo do lençol. Só para lembrar, existiu também o Plano Cruzado em 1986, nas campanhas governamentais.

O eleitor

Conforme veremos nos capítulos seguintes, devemos identificar o eleitor e procurar suas necessidades, anseios, desejos e pautar o candidato dentro destas expectativas. As formas para se fazer isto devem seguir os exemplos mencionados e através das pesquisas efetuadas junto a estes eleitores-alvo (*target*).

O concorrente

Devemos orientar nossa campanha, fazendo um minucioso estudo dos concorrentes, averiguando suas possibilidades de sucesso, segmentos que penetra, tipo de ação que é levado em sua campanha e a estratégia de abordagem utilizada.

Um bom planejamento de *marketing* eleitoral sempre leva em consideração um tópico sobre concorrentes. Normalmente, no final do plano, incluímos o tópico "avaliação competitiva", onde, de posse de dados sobre todos os concorrentes e sobre a nossa própria campanha, analisaremos e concluiremos qual a estratégia de combate a ser utilizada em nossa campanha.

A principal parte do planejamento de *marketing* eleitoral diz qual o eleitor-alvo, seus segmentos e dados estatísticos retirados das pesquisas, reuniões de assessores e lideranças, painéis de testes e testes de conceito.

Plano estratégico a ser utilizado

Neste tópico estudaremos muito mais a concorrência.

Este plano acentuará em cada concorrente uma lista de pontos competitivos fortes e fracos, bem como um plano de ação para explorá-los ou defender-se deles.

Começaremos estudando os principais assessores do candidato concorrente e o próprio candidato, no que diz respeito às suas táticas favoritas e estilo de operação.

Isto é o início do planejamento estratégico para o combate, tão utilizado nas guerras por militares especializados na área.

O planejamento estratégico tornar-se-á cada vez mais importante para delinear a espinha dorsal da campanha e a forma como acioná-la.

Os candidatos e assessores terão que aprender como atacar pela frente e pelos flancos, defender suas posições, quando e onde usar a sua artilharia (publicidade massificante através de veículos de comunicação) e sua infantaria (militantes que vão às ruas para o corpo-a-corpo), como e quando fazer guerrilha. É um jogo de inteligência, astúcia e audácia, onde precisarão prever os movimentos competitivos e, ao nível pessoal, equiparar-se a um general com coragem, lealdade e perseverança nas ações impetradas na luta pelos votos.

O profissional de marketing político eleitoral

Entre as profissões mais ingratas que se pode abraçar, uma é a de técnico de time de futebol, outra a de profissional de marketing político eleitoral.

Se não, vejamos: o que interessa em uma partida de futebol são os gols que levam o time à vitória. Em *marketing* político, interessa apenas vencer as eleições.

No futebol, o bom técnico sabe que não deve fazer um confronto direto com o time adversário. Ganha-se a partida enganando, flanqueando e jogando melhor que o outro adversário. Quando se perde uma partida ou campeonato, a culpa recai sempre sobre o técnico, que não soube aplicar corretamente a estratégia e a tática neste ou naquele período da partida. Ninguém questiona se o time é ruim ou se os jogadores acompanharam a tática preestabelecida pelo técnico.

Igualmente em *marketing* político, só interessa a vitória, e quando isto não ocorre, o primeiro culpado é aquele que traçou a estra-

19

tégia de ação durante a campanha, não questionando se o candidato comportou-se como orientado, os assessores e cabos eleitorais "jogaram" conforme a tática preestabelecida, ou se realmente o "candidato é ruim".

Nas ações de *marketing* político, devemos levar o conceito de guerra quando sairmos à batalha para angariar votos, ou seja, lograr, flanquear e dominar os concorrentes, pois a natureza das ações de *marketing* envolve conflitos entre partidos e candidatos, tentando, através destes conflitos, orientar a campanha no sentido de satisfazer as necessidades e desejos dos eleitores.

3. ELEIÇÃO É GUERRA

Tudo o que foi mencionado alocando ações de guerra no processo eleitoral pode parecer demasiado, mas, em todas as eleições que já vivenciei, foram aplicados estes conceitos, cientes ou não de que se estava aplicando.

O puritanismo não tem lugar nem hora em uma guerra e nem em uma eleição, pois o que está em jogo é muito importante para quem se dispõe a enfrentá-las.

Alguns candidatos podem até dizer que nunca aplicaram estes conceitos em suas vitoriosas campanhas, mas estarão enganando a si mesmos e ao povo, que já não é mais o mesmo. Por isso, se você se dispuser a se candidatar a um cargo eletivo, leve em consideração que na guerra, no amor e nas eleições vale tudo para se alcançar o objetivo final.

Se eleição é guerra, então...

Já que colocamos o processo eleitoral em pé de igualdade com as guerras, nada melhor do que estudá-las e aprender com elas o que nos for útil.

Vamos procurar as manobras efetuadas por grandes generais nos campos de batalha que, com astúcia, venceram com movimentos precisos e no tempo certo.

Destas batalhas, tiraremos os seguintes conceitos:

Trabalhar em uníssono e manter as forças concentradas

Quando temos uma eleição a ser vencida, este princípio nos alerta a manter todos os assessores e cabos eleitorais cientes da plataforma e dos projetos do candidato, para que possam trabalhar em uníssono, assim como conhecer todas as ações externas que serão levadas à efetivação, para que mantenham as forças concentradas no intuito de conseguir levar a termo a ação estratégica.

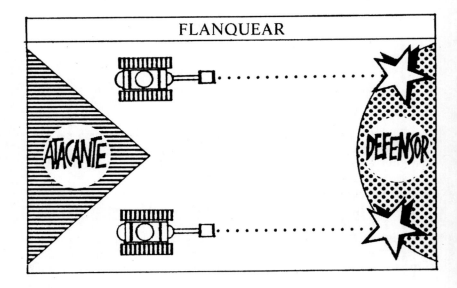

Flanquear

Um dos conceitos mais usados em política, do qual o sr. Jânio Quadros é mestre: evite sempre que possível o ataque frontal, pois mesmo que vença, as seqüelas serão maiores.

O flanqueamento consiste na teoria da "aproximação indireta". Exemplificando: na campanha à Prefeitura de São Paulo de 1985, o sr. Jânio Quadros evitou ao máximo o ataque frontal com o sr. Fernando Henrique Cardoso, preferindo atacar o sr. Franco Montoro, que representava uma linha de menor resistência, ou um dos flancos da campanha Fernando Henrique Cardoso com certa vulnerabilidade.

Este conceito é utilizado para minar as bases do concorrente e consolidar as posições conquistadas.

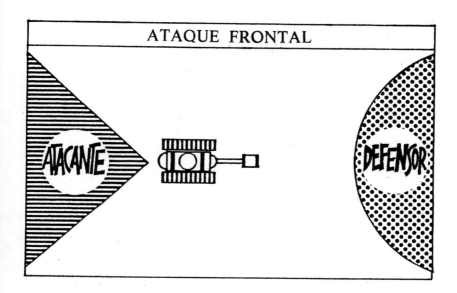

Trincheiras

Se o candidato consegue se fixar em uma posição, deve permanecer quieto e esperar os ataques, fazendo apenas o trabalho de manutenção desta posição e prevendo sua defesa em caso de ataque. Exemplificamos: o sr. Erasmo Dias lançou em sua campanha

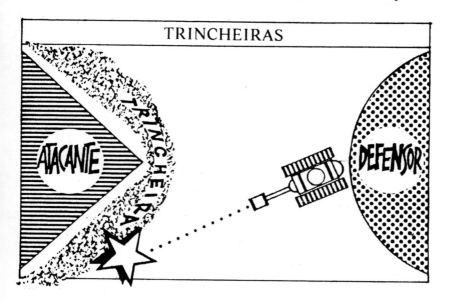

eleitoral o conceito de campos de concentração para presos de alta periculosidade. Automaticamente ele se entrincheirou por detrás desta posição, que tem forte segmento de acordo, e aguardou os ataques para se defender. Até o momento tem dado certo.

Artilharia e infantaria

Na guerra, como nas eleições, o problema primário é conquistar e ocupar o maior número de espaços possíveis, tanto geograficamente como nos meios de comunicação.

No caso das eleições, o uso da artilharia é o uso das mídias, *outdoors*, cartazes, espaços na imprensa etc. A infantaria é o trabalho

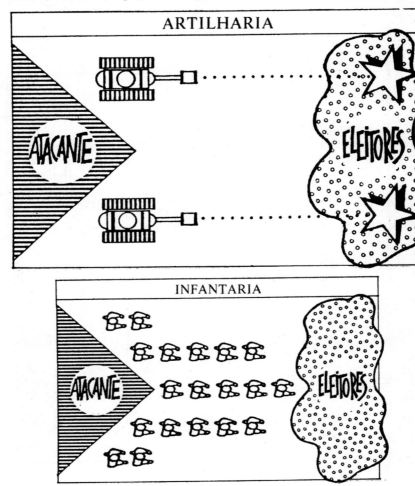

dos militantes no corpo-a-corpo eleitoral. Como diz Carlos Figueiredo em seu livro *Técnicas de Campanhas Eleitorais*, compatibilizá-los em doses certas evita o risco do desperdício de artilharia, onde não temos infantes. Ou, por outro lado, tentar ocupar espaço sem qualquer propaganda.

O princípio da força

"Antecipe-se a todos o quanto puder e concentre o maior número possível de soldados nos pontos decisivos" (Claurewits).

Conceitua-se que o candidato que está no topo das intenções de voto tem vulnerabilidade maior que os outros.

Não acredito neste conceito, pois, a partir do momento em que o candidato tenha força de intenção de votos a seu favor (o topo da montanha), o seu trabalho consiste apenas em se defender, visto que seria absurdo lançar ataques nesta posição (só atirem quando virem o branco dos olhos dele).

Pode-se então "concentrar forças" para prever contra-ataques e defesas.

Quanto mais concentrarmos as forças existentes na campanha e quanto maior for o número de elementos trabalhando nesta concentração, mais facilmente aplicaremos nossa estratégia.

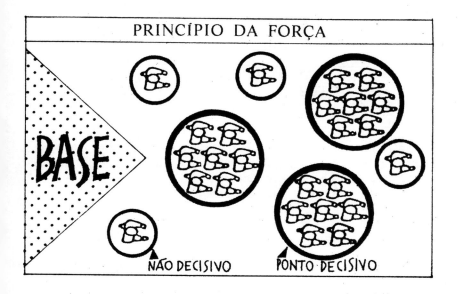

O que os candidatos a cargos proporcionais devem fazer é deixar que sua equipe trabalhe com maior ênfase dentro do segmento que lhe dá respaldo, e não colocando-a na frente de batalha em segmentos que ainda não têm penetração, deixando a base desguarnecida. Deve-se expandir a campanha, mas deixando sempre o maior trabalho na base.

Bater em retirada

Os senadores da antiga Roma já sabiam que política é a arte de negociar. Quando você não puder com seu inimigo, negocie o que tem, da melhor maneira possível.

Isto quer dizer que tanto o candidato como os assessores devem ter sensibilidade para vislumbrar a realidade em tempo hábil na campanha, para sentir que não vai conseguir passar pela "boca de urna" e, a partir disto, procurar os mais cotados para negociar seu eleitorado.

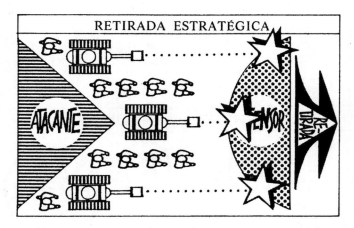

A retirada estratégica deve ser efetuada com o tempo certo, não muito depressa para não parecer fuga ou covardia, e nem muito devagar para não parecer provocação.

Só existe vantagem para quem se retira de uma campanha eleitoral sabidamente perdida: melhor um pouco do que nada.

É dentro destes conceitos que devemos pautar nossa campanha eleitoral, tentando aplicá-los e adequá-los às nossas necessidades eleitorais.

Exemplifico aqui uma estratégia usada pelo Partido dos Trabalhadores de Vitória, no Espírito Santo, em que ficará fácil perceber que tipo de ação estratégica foi e ainda será usada por este partido.

Avaliação política — Estratégia da campanha do Partido dos Trabalhadores — Prefeitura de Vitória

"Companheiros:

Nossa campanha à Prefeitura de Vitória vem crescendo de forma animadora e constante até aqui. A estratégia adotada por nós de refazer a imagem distorcida que a opinião pública tinha de nosso partido já é vitoriosa. Conseguimos mudar a impressão do 'partido do não', do 'partido do futuro', do 'partido dos derrotados' etc. Somos o partido de propostas, o partido da afirmação, o partido da mudança. Conseguimos adquirir a imagem do partido viável e conseqüente.

Privilegiamos até aqui a tática de concentrar esforços nas camadas médias da população, onde éramos temidos e menosprezados. As pesquisas de opinião pública, as reações dos populares, as manifestações espontâneas de simpatizantes antes hostis, os comentários e análises da imprensa local e nacional dão-nos a certeza de que nossa tática foi eficaz e vitoriosa. Aparecemos já em muitas pesquisas em segundo lugar, e, naquelas em que aparecemos em terceiro, estamos muito próximos do segundo colocado. Se considerarmos o dinheiro, a estrutura partidária e a agressividade de campanha de nossos adversários eleitorais, só podemos estar satisfeitos com nosso desempenho.

Dentro da estratégia de campanha adotada, estamos agora iniciando a segunda etapa tática de nossa ação. Passamos esta semana a apresentar e a trabalhar mais concretamente nossas propostas político-administrativas, dando destaque às nossas lideranças e à ação efetivamente popular.

Em termos ideais, esta etapa deveria estender-se até o final deste mês, quando iniciaríamos a etapa final onde o corpo-a-corpo ganharia peso e destaque.

Uma campanha eleitoral, no entanto, não é definida apenas pela avaliação e pelo ritmo de um único partido. Ela tem ritmo próprio, determinado pela relação interpartidária e pelas respostas e reações da população. A conjuntura, o 'clima', a pressão e a reação popular, além das táticas e estratégias adotadas pelos diversos partidos e candidaturas, são determinantes das ações a serem adotadas, muitas vezes sobrepondo-se às análises ideais.

Assim, considerando este quadro geral, nossa avaliação presente é de que as duas últimas etapas da campanha têm que ser levadas conjuntamente. Ou seja, o corpo-a-corpo tem que ser intensificado imediatamente. Temos que conjugar propostas e ação direta, com todas as nossas forças. Já cumprimos nossa primeira etapa e a cumprimos bem.

Temos que cumprir com o mesmo brilhantismo (reconhecido e elogiado até por nossos adversários) as etapas finais.

Nossos adversários eleitorais, por terem o grande poder econômico ao seu lado, além da máquina do Estado e estruturas mais consolidadas que nós, têm, de princípio, maior facilidade de ação e maior eficácia na obtenção de resultados eleitorais. O 'clientelismo eleitoral/85' está aí, à frente de nossos olhos. São inúmeros comitês eleitorais nos bairros, são milhares de camisetas, adesivos, *outdoors*, cartazes, carros, comícios fabulosos, maior tempo gratuito em rádio e TV etc., além da troca de favores, de remunerações fantásticas a cabos eleitorais e outras práticas muito menos decentes utilizadas intensamente. Nós não temos recursos, nem vocação ou estômago para isso. Mais ainda, nós, politicamente, temos consciência de que a transformação social deve ser construída através de uma prática política conscientizadora e limpa, sem concessões às barganhas e às politicagens. Com isso, saímos, eleitoralmente, em desvantagem.

Temos, por outro lado, forças políticas extremamente poderosas que, bem trabalhadas e numa ação efetiva, podem nos trazer, inclusive no plano eleitoral, ganhos significativos, se acionadas eficientemente. Nós temos o que nenhum outro grande partido tem: militantes conscientes e com lideranças efetivas nas áreas dos movimento sociais. Temos companheiros na ação de base e de direção em inúmeros movimentos populares, religiosos, sindicais e de melhorias urbanas. Com eles, na ação direta e efetiva em seus setores próprios de militância, poderemos compensar nossa desvantagem inicial, impondo à campanha eleitoral (inclusive dos outros partidos) uma nova e superior qualidade, fazendo-os vir 'brigar a descoberto' e em 'nossa área'. E, nós todos sabemos e temos certeza, em 'nosso campo' e sob 'nossas regras' (muito mais limpas e honestas, inclusive), nós somos adversários duros.

É chegada a hora decisiva — É a hora da virada

Temos que partir, com todas as forças, para o corpo-a-corpo.

A campanha no rádio e na TV, daqui para a frente, sem perder a importância de penetração e de veiculação, servirá também como se diz em linguagem de TV, como 'plano de cobertura' para a ação direta. Esta ação, daqui para a frente, conjugada com a programação de rádio e de TV, será fundamental e decisiva. Dela dependerá a ampliação de nosso percentual de votação em 15 de novembro. Como não podemos competir com o poder econômico, e nem queremos, ou devemos, competir no plano da corrupção eleitoral, temos que priorizar a ação de nossos militantes e o peso de suas lideranças.

No corpo-a-corpo *têm* que entrar os sindicalistas trabalhando efetivamente e sem pudores junto às suas categorias. O mesmo *tem* que ser feito pelas lideranças comunitárias de movimentos religiosos e pelos movimentos de reivindicação. Isto pode e tem que ser feito sem atrelar as entidades e sem manipulá-las. Isto, no entanto, em absoluto, quer dizer que nossas lideranças não possam enviar notas e moções às suas bases em seu próprio nome, aparecer, trabalhar e falar nos comícios, mutirões, arrastões, panfletagens, boca de urna etc. etc. etc. Pelo contrário. A participação clara e abertamente engajada é necessária, fundamental e salutar para todos: para o partido, para as categorias, para as bases e para os próprios militantes. Resulta em votos, no fortalecimento do partido, na ação transformadora e na própria conscientização, tanto das bases quanto do próprio militante.

Estamos 'competindo em galhardia', temos que competir para vencer

A frase do barão de Coubertine: 'O importante é competir' não é verdadeira nem nos esportes olímpicos, para onde foi cunhada. Quem entra num jogo, entra para ganhar, ou não entra. É claro que devemos e precisamos ter uma visão clara e uma avaliação correta e sem fantasias de nossas forças e de nossas possibilidades. Às vezes pode valer a pena jogar para perder de pouco.

No nosso caso, hoje a opinião pública e mesmo nossos adversários estão surpreendidos com nosso desempenho e com nosso crescimento. *Estamos competindo para valer.* Hoje somos adversários respeitados e até temidos. Temos, no entanto, condições de vencer. Todos sabemos como e quanto isto é difícil. Não temos, nenhum de nós, ilusões fáceis. Sabemos de nossas potencialidades, acreditamos e confiamos, no entanto, em nossas propostas, em nosso partido e em nós próprios. Por isso temos ainda muito mais a crescer. Temos condições de 'endurecer ainda mais o jogo' e de impor, com mais força, nosso ritmo e nossas táticas.

Talvez não ganhemos, mas 'suaremos a camisa lutando até o último minuto'. Se não ganharmos agora, estaremos, com nossa ação de agora, construindo as condições concretas de elegermos muitos companheiros em 86 e, com isso, de consolidarmos definitivamente nosso partido, alargando a penetração de nossas propostas.

O engajamento de cada companheiro nesta fase decisiva da campanha e até o seu final é fundamental e imprescindível. Eleição se ganha no corpo-a-corpo e, até, na boca de urna. É daqui até 15 de novembro que os indecisos, optando pelo PT, decidirão, ou não, se você se omitir.

Como agir

1) *Cada militante deve organizar em seu bairro,* juntamente com outros companheiros e simpatizantes do PT ou mesmo apenas da candidatura de Vítor: comitês eleitorais que promoverão comícios, colagens, panfletagens, painéis, visitas às casas, bares, comércios, feiras, igrejas etc. Onde não for possível organizar comitê, devem ser organizados grupos de campanha para fazer as mesmas tarefas. Se nem isso for possível, a ação individual do companheiro, visitando casas, feiras etc. etc. já será uma contribuição importante. (Ao programar eventos maiores em seu bairro, não se esqueça de entrar em contato com a Coordenação de Campanha para consultar a agenda de Vítor.)

2) *Cada militante deve organizar em seu local de trabalho,* juntamente com seus companheiros e simpatizantes do PT ou da candidatura de Vítor, grupos de apoio à campanha para realizar as mesmas tarefas relatadas acima. Quando não for possível a organização destes grupos, a ação individual do companheiro já será importante. (É importante lembrar que um simples simpatizante da candidatura de Vítor hoje, poderá ser um militante do PT amanhã, e que os grupos de apoio e comitês poderão ser, em breve, núcleo de base do PT.)

3) *Cada militante do movimento popular, sindical e religioso* deve agir na campanha da mesma forma relatada acima, em grupo ou individualmente. Além disso, poderá redigir, assinar e distribuir, entre os militantes de seus movimentos, notas, carta e ou moção específica de apoio à candidatura de Vítor, em seu nome ou melhor ainda, em nome do grupo e/ou comitê. (Caso os companheiros não consigam finanças próprias, a coordenação pode pagar os custos de impressão do material.)

Cada militante do PT precisa se engajar na Secretaria de Mobilização do Comitê de Propaganda da Coordenação da Campanha para que se possa engajar nos mutirões, comícios, panfletagens, painéis etc., já organizados e/ou programados.

Finanças, fiscalização e boca de urna

Na sede do PT/ES encontram-se, à disposição dos militantes para que eles se encarreguem de vender, bônus da campanha. É importante que o companheiro se esforce em vendê-los para que possamos cobrir os gastos da campanha. Além disso, qualquer contribuição voluntária à campanha pode ser feita através de depósito em qualquer agência bancária, em qualquer cidade do Estado do Espírito Santo, em favor do Comitê de Propaganda do PT/ES, conta n? 662.003.400-0, da Caixa Econômica Federal, Posto de Serviço da UFES/VITÓRIA-ES.

A Secretaria Geral do Comitê Eleitoral está aceitando inscrições de voluntários, militantes ou simpatizantes, para fiscalização e boca de urna em 15 de novembro e na apuração da eleição. Precisaremos de cerca de mil (1.000) voluntários, que serão transportados de ônibus fretados pelo comitê e que terão lanche pago também pelo comitê.''

4. ESTRATÉGIA INICIAL

Para iniciarmos uma campanha eleitoral, devemos ter em mente que as primeiras ações a serem efetuadas devem ser no sentido de consolidar o segmento que apóia o candidato, direcionando todo trabalho inicial a este segmento e suas características.

O que normalmente ocorre é que o candidato a cargo proporcional lança sua campanha como se fosse majoritário, ou seja, espalha material em todos os segmentos e depois procura qual o que mais se identificou com o seu material e sua proposta de trabalho, ou responde, quando questionado, que seus votos estão pulverizados. Na apuração é que vai perceber o erro.

O prof. Francisco Gaudêncio Torquato do Rego, em seu livro *Marketing Político e Governamental,* nos orienta que: "Definir os segmentos é tarefa importante. A localização se completa com a identificação dos comportamentos do eleitor-alvo. O conhecimento do eleitor ensejará tópicos para ajustes de programas e mensagens".

Em campanhas proporcionais, torna-se vital a detecção do segmento que apóia o candidato, pois só é candidato quem tem atrás de si um segmento que o considera líder e o apóia para que tenha poder político e lute pelas idéias e reivindicações deste segmento. Detectar este segmento, suas aspirações, desejos e ideais, e pautar o candidato dentro dessas aspirações e desejos é o primeiro lance no intrigado jogo da estratégia eleitoral.

Somos cientes de que, se hoje, um candidato à eleição proporcional tiver coragem para subir em um palanque e fazer um comício a favor da pena de morte, praticamente estará eleito, pois, por recentes pesquisas e até por lógica (quantas pessoas já foram assaltadas ou tiveram parentes violentados), detectou-se um grande contingente de elementos que têm a pena de morte como a mais correta atitude a ser tomada e sua maior aspiração de justiça.

Dentro desta linha de raciocínio, desenvolveremos, pois, a estratégia inicial de campanha, analisando desde o comportamento desse liderado até suas necessidades mais básicas.

Não devemos esquecer que, desde que o homem pisou a terra, quando agrupava-se em cavernas, a liderança era detectada e respeitada, levando a lutas grupos de liderados distintos. Quero dizer com isto que, mesmo tendo-se localizado o segmento que considere o candidato líder, todo segmento tende a compor-se por facções, o que origina subsegmentos que têm seus líderes, os quais devem ser ouvidos e respeitados. São as lideranças intermediárias que farão o elo de ligação entre o candidato e a base eleitoral.

Nesta primeira fase de trabalho, devemos levar ao conhecimento do eleitorado segmentado a proposta de candidatura, através de materiais e propostas condizentes com a expectativa de trabalho esperado por estes eleitores, visando, com isto, testar a liderança que se supõe existir no candidato e consolidar o eleitorado que, em tese, esteja predisposto a dar o seu voto (intenção de voto), detectado através de pesquisa ou conhecimento prévio (caso de candidato à reeleição).

Esta ação pode ser impetrada de várias maneiras, dependendo sempre do tipo de segmento que nos apóia.

Para conseguirmos um embasamento que nos oriente no início da estratégia a ser adotada, poderemos, através de pesquisa direcionada a este segmento, fazer perguntas que objetivam fornecer informações do tipo:

"Em sua opinião, qual a maior injustiça que sofre o seu segmento (2) e que tipo de ação deve desenvolver um candidato a (1) para resolver este problema?"

(1) Cargo a que concorre.

(2) Definido o segmento, aloca-se e direciona-se a pergunta a ele. Ex.: sindicatos, classes sociais, associações de bairros, estudantes, favelados etc.

A partir da consolidação da base, sairemos em busca dos segmentos periféricos que, por assim serem, detêm características, desejos e reivindicações iguais ou muito parecidas com a base. Ex.: se o segmento que nos apóia for de favelados, iremos progredir com nossa campanha através de cortiços, vilas operárias, Cohabs etc. É o que chamo de efeito espiral, onde, através de um ponto consolidado, parte uma linha cobrindo uma área cada vez maior.

Tendo-se consolidado a base e sabendo-se quais os segmentos periféricos a serem alcançados, efetuaremos a avalição e o planejamento da campanha, observando o que temos e o que nos falta, onde dimensionaremos nossa penetração no eleitorado, disponibilidade financeira, adequação dos meios e recursos com materiais e serviços necessários, plataforma e programa de ação parlamentar, cronograma financeiro, organograma da campanha, cronograma de atividades, *slogan* e símbolo, cronograma de recebimento e fornecimento de materiais etc.

5. AVALIAÇÃO DA CAMPANHA

Conforme Ronald Kuntz e Joseph Luyten, em seu livro *Marketing Político. A Eficiência a Serviço do Candidato,* dispomos de um questionário que nos daria instruções ou informações para iniciarmos a avaliação da campanha. Para melhor exemplificar, montaremos as perguntas e responderemos ficticiamente.

Equação eleitoral — Deputado Estadual

1) Qual é o mandato pretendido?
R. Deputado Estadual.

2) Qual é a condição (número de votos) necessária para que isto ocorra?
R. 45.000 votos (meta).

3) Qual é o potencial de votos em cada bairro, cidade, município, região ou Estado onde concorre?
R. Pesquisa em anexo.

4) Quantos votos eu já tenho? (Potencial ou intenção de voto.)
R. 20.000 votos.

5) Onde estão? (Onde estão e quem são seus eleitores?)
R. Na classe estudantil de nível superior e operariado, localizados na periferia da cidade.

6) Quantos votos me faltam?
R. 25.000 votos.

7) Qual a margem de segurança necessária para assegurar a minha eleição?
R. 135.000 votos.
8) Onde tenho mais chance de ir buscá-los?
R. Nas universidades e faculdades, nos bairros populares, nas fábricas, sindicatos de classe etc.
9) Quem são meus concorrentes?
R. Do próprio partido: candidatos X e Y.
Dos outros partidos: candidatos 1, 2, 3 e 4.
10) Qual é a situação deles em relação ao eleitorado?
R. Candidato X = penetração em alguns segmentos da classe operária.
Candidato Y = penetração na classe universitária.
Candidato 1 = penetração nos segmentos da classe operária com tendência à esquerda.
Candidato 2 = penetração no segmento universitário com tendências conflitantes.
Candidato 3 = penetração na elite local.
Candidato 4 = penetração no eleitorado universitário com tendências direitistas extremadas.
11) Qual a situação de meu partido e a de outros partidos?
R. Meu partido: detentor da Prefeitura, bons recursos financeiros e boa imagem moral.
Partido X = detentor do governo estadual, bons recursos financeiros e imagem abalada.
Partido Y = sem máquina, pouco recursos financeiros, imagem prejudicada pela esquerda radical.
Partido Z = pouca expressão na localidade, partido em formação, bons recursos financeiros (apoios).
Partido W = expressão média, sem recursos financeiros, apoios isolados.
12) Quem poderiam ser os meus aliados?
R. Candidato a = deputado federal
Candidato b = senador
Candidato c = governador
13) Onde eles atuam e qual a situação?
R. Candidato a = na periferia, nas classes operárias com tendência à esquerda; situação boa, mas instável.
Candidato b = na elite da região; situação em desenvolvimento.
Candidato c = nos empresários; situação sem expressão.

14) Quantos votos poderia esta aliança transferir para mim?
R. Candidato a = 10% do que necessita.
Candidato b = 5% do que necessita.
Candidato c = 2% do que necessita.
15) Quanto me custaria esta conquista?
R. Cz$ 500.000.
16) Qual a melhor maneira de manter os meus votos e conseguir os votos que me faltam?
R. Trabalhando inicialmente o segmento que me dá base e posteriormente ampliando através de segmentos periféricos (respostas n? 5 e 8).
17) Quanto eu tenho para gastar e quais os recursos humanos de que disponho?
R. Cz$ 300.000. Recursos humanos: 15 pessoas de confiança.
18) Quanto me falta?
R. Cz$ 200.000. Recursos humanos: 5 pessoas.
19) Como e onde conseguir?
R. Através de deputados estaduais, senadores, governo, empresários etc.
20) Quanto tempo eu levaria para isto?
R. 3 meses.
21) Quais são as minhas chances?
R. Penetração = boa.
Potencial de votos = 25.000 com chances a 60.000.
Financiar campanha = 60% já efetuado.
22) Com quem efetivar as alianças?
R. Candidato ao governo — por obrigação partidária (vide resposta à pergunta n? 13).
Senador — Por interesse, pois atinge um segmento em que não temos penetração.
Federal — podemos fechar aliança com mais de um, desde que nos traga vantagens ou recursos que nos faltam (recursos humanos, financeiros, material, serviços casados etc.).

 Estas respostas, se dadas com sinceridade, delinearão a espinha dorsal da campanha, de onde emanará a orientação para todas as ações e estratégias adotadas na campanha. Esta espinha dorsal não admite quebra, apenas ajustes suaves, pois, para que a campanha se desenvolva com uniformidade, devemos respeitá-la acima de qualquer urgência. Como diz o sr. Tom Eisenlohr, da DPZ Propaganda, em sua palestra sobre administração de materiais em campanhas eleitorais: "Nunca deixe o urgente passar pelo importante", e o diz com a experiência de ter sido o administrador de materiais da campanha Tancredo Neves para presidente da República.

Nessa avaliação, já temos condições de pesar nossa candidatura e responder se vale ou não a pena.

Antes de seguir adiante com os dados que já temos em mãos, o candidato deve se autopesquisar no que se refere à sua vida familiar, social e profissional, pois tudo irá se modificar a partir do momento em que for lançada a campanha.

Muitos casamentos e profissões já foram à bancarrota por falta de estrutura do candidato em aliar as atividades de uma campanha com o relacionamento e dedicação à família e ao trabalho. Por isto, são inerentes perguntas do tipo:

— Minha esposa e filhos estão preparados para agüentar as ofensas que certamente virão à minha pessoa e ao meu partido?

— Eu tenho estrutura financeira para suprir minha casa e a campanha?

— Meu passado pode ser vasculhado sem que venha à tona nada que me comprometa?

— Se perder a campanha, terei apoio suficiente para dar seqüência à minha vida sem que fiquem seqüelas?

Se todas as respostas forem verdadeiramente afirmativas, o candidato pode seguir adiante; caso contrário, é bom colocar na sua tábua de valores o que é mais importante.

6. PREVISÃO E PLANEJAMENTO

Prever o futuro. Fôssemos possuidores de bola de cristal ou de algum dom que nos prestasse informações de acontecimentos futuros, facilmente seríamos infalíveis.

Quando falamos de previsão, nos referimos ao trabalho do legislador, que prevê a sanção a um crime que possa acontecer. É óbvio que não consegue prever todos os crimes, mas, com raciocínio lógico, é capaz de alcançar uma grande faixa dos crimes que possam ocorrer.

Em campanhas eleitorais, a previsão é efetuada visando tabular todos os problemas que possam ocorrer, sem se importar com a solução, usando para isto um expediente específico.

Com as informações iniciais em mãos, podemos prever, com certa margem de segurança, o que poderá acontecer e o que está no terreno da utopia.

A divisão de áreas nesta fase é de suma importância, pois, para cada problema levantado, deve-se ter uma estratégia diferenciada para resolvê-lo.

A partir do levantamento de todos os problemas que possam ocorrer, partimos em busca das soluções.

Nas soluções, devemos deixar sempre mais de uma ação a ser disparada.

Ex.: se peço um material de campanha de que irei precisar para um comício, e 48 horas antes o fornecedor avisar que não mais entregará, o que fazer?

Solução:

1? Montar estoque mínimo de material para ser usado em comícios.

2? Procurar fornecedor que, no prazo que tenho para receber o material, me entregue a tempo, ou relacionar material alternativo que fique pronto em 48 horas.

O que parece um desperdício de tempo no início da campanha, pode deixar muitos problemas sem solução, na maioria das vezes por falta de iniciativa de quem está trabalhando na campanha.

Planejamento

É chegada a hora de colocarmos em prática algumas teorias, pois até este capítulo temos aconselhado a organizar e administrar a campanha de forma saudável. Mas como iniciar?

Seguindo a ordem dos capítulos iniciais, teremos um calhamaço de papéis com várias informações que passaremos a utilizar no planejamento da campanha.

Começaremos com a montagem do organograma da campanha, que será a alocação dos recursos humanos existentes dentro de suas especificações e qualificações, nas tarefas condizentes com estes elementos.

Cada homem de administração tem um estilo para organização, sistemas e métodos, e, conseqüentemente, os organogramas se diferenciam.

Procurarei desenvolver aqui um organograma básico que possibilite inserções ou supressões, conforme a dimensão da campanha.

Organograma básico de campanhas eleitorais

Candidato: em tese, o candidato deve ficar isento de problemas administrativos de sua campanha. Ele deve fazer campanha para vencer, e campanha eleitoral não se ganha em reuniões com assessores, e sim na rua.

Muitos candidatos pegam para si a responsabilidade do chefe de campanha e começam a se preocupar com tudo que acontece na administração da mesma, desde a compra de materiais, até telefonar pessoalmente ao fornecedor cobrando o prazo de entrega das mercadorias.

É a figura do presidente de uma empresa procurando clipes no chão do escritório e querendo saber quem os jogou.

Chefe de campanha: é quem deve ter a macrovisão da campanha, acompanhando cada lance do desenvolvimento e dos problemas, orientando e direcionando todas as resoluções. Deve ser o ele-

Organograma básico de campanhas eleitorais

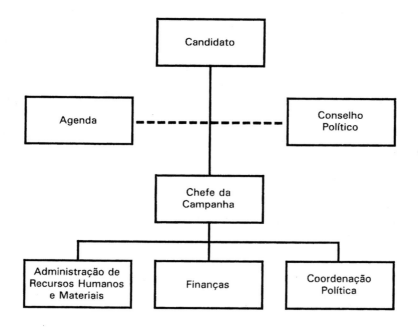

mento de confiança e ser competente na área administrativa, com raciocínio rápido para solucionar os problemas que tendem a emperrar certas áreas da campanha.

Sua maior função é não deixar a campanha desviar-se da espinha dorsal traçada inicialmente.

Agenda: pessoas que devem, cronologicamente, colocar o candidato em todos os espaços possíveis, devendo fechar a agenda no mínimo 24 horas antes do evento, juntamente com o chefe de campanha, que avaliará qual o lugar mais produtivo para o candidato estar presente.

A sua função é receber solicitações da presença do candidato e, após a resolução com o chefe de campanha, confirmá-la com quem a solicitou ou avisar da impossibilidade de o candidato comparecer.

Conselho político: *staff* à disposição do chefe da campanha, composto pelos encarregados de setores. Tem como função assessorar o chefe de campanha nas resoluções dos problemas mais importantes. O candidato pode ou não fazer parte do conselho político, dependendo do seu caráter.

Como a maioria dos candidatos são centralizadores, a preferência é que não façam parte das reuniões do conselho político.

Encarregado de materiais: elemento que atua no contato com fornecedores, para compras de materiais e serviços necessários à campanha, além de se encarregar da distribuição dos mesmos nos comitês e para os cabos eleitorais.

Tem como característica ser dinâmico e descompromissado com horários.

Finanças: pessoa de extrema confiança, preferencialmente um parente próximo (pai, irmão, filho, menos o cunhado, visto que o cunhado não é parente, é agregado).

Tem como função o controle dos recursos financeiros e sua contabilização, além de ser o elemento que negociará o apoio financeiro das entidades que apóiam o candidato e os acordos financeiros nas alianças.

Coordenação política: elemento ou elementos com bom trânsito no partido, que possa detectar e encaminhar as alianças, os apoios de delegados e presidentes de diretórios, além de suprir a falta do candidato nas reuniões partidárias.

Este organograma desdobra-se a partir do momento em que a campanha ganha volume. Para iniciar a campanha, acredito que este organograma seja suficiente. Lembre-se, não se faz marketing sem organização, sistema e métodos.

7. ORÇAMENTO DA CAMPANHA

O presidente John Kennedy disse certa vez que a metade do que um candidato gasta em sua campanha eleitoral é desperdiçada. O chato é que o candidato nunca sabe que metade é esta.

Atualmente, esta afirmação continua a ter fundamento, visto que as campanhas eleitorais são completamente desorganizadas, pagando-se caro por isto.

Comparemos as campanhas eleitorais como se fossem a aplicação de recursos em uma empresa a ser implantada. Se colocarmos nossso capital desordenadamente e começarmos a suprir as carências que forem aparecendo, sem que tenhamos o mínimo de critério, rapidamente secaremos o poço.

Vai aqui uma homenagem a alguém que sabe organizar financeiramente uma campanha e que, contestado ou não, faz um trabalho organizacional modelo para outros candidatos. Esta pessoa é o sr. Calim Eid, que pode ser acusado de tudo, menos de perdulário ou esbanjador. Em todas as campanhas que o sr. Paulo Maluf já concorreu, muito foi gasto, mas nem tanto quanto a imprensa e a população dimensionam.

É inconcebível aplicar-se as verbas que hoje se aplicam nas campanhas eleitorais e não conseguir uma relação custo/benefício favorável. Isto se deve, na maioria das vezes, aos próprios candidatos, que deixam para a última hora a organização de sua campanha.

Uma campanha bem organizada deve começar a ser planejada com um ano de antecedência, para que se tenha condições de avaliar todas as possibilidades de material alternativo existente na praça, de recursos humanos disponíveis e de organização funcional para a campanha.

Outro fator que desequilibra a relação custo/benefício é a mesmice empregada nas campanhas eleitorais com relação aos materiais. Santinhos, cartazes e chaveiros perdem-se no emaranhado de nomes que se forma com a quantidade distribuída e colada nas cidades. Com tantos materiais alternativos existentes no mercado e que poderiam destacar o candidato junto ao eleitorado, nossos políticos continuam poluindo visualmente.

O orçamento deve levar em consideração todas as informações apuradas até o momento, com relação ao universo de eleitores que terá que abranger, e, a partir disto, dimensionar os serviços e materiais que serão necessários para a campanha.

Pela minha experiência posso afirmar, com convicção, que uma campanha organizada chega a economizar até 30% do montante que se gasta naquelas feitas aleatoriamente e sem critérios definidos.

Devemos começar um orçamento apurando o tipo de material a ser usado condizente com o segmento que se pretende atingir e dimensionando a quantidade, na informação prestada anteriormente, do universo de eleitores que temos que trabalhar.

Em segundo lugar, procuraremos os fornecedores que irão nos suprir do material necessário e os seus custos, vindo a seguir, de preferência, o contrato de fornecimento que deve ser assinado pelas partes, evitando-se assim o famoso atraso de entregas no material de campanha, que, na maioria das vezes, ocorre em função de a empresa ter colocado o mesmo produto a outro candidato, a um preço melhor para ela, ou o que mais ocorre, a subida de preço devido à "falta de matéria-prima no mercado".

Na montagem da estratégia a ser utilizada no orçamento de campanhas eleitorais, as bases são previsões realistas e organização.

Finanças

Este é um dos tópicos mais controvertidos em nossas campanhas eleitorais, onde a própria legislação eleitoral é irreal, pois coloca parâmetros financeiros tão baixos que nenhuma candidatura seria viável aos custos aprovados por esta.

Obviamente, ninguém pode respeitar esta legislação, e as burlas existem com ou sem controle.

As pessoas tendem a se impressionar, e a imprensa a se escandalizar com as cifras do que se gasta nas campanhas eleitorais, mas ninguém questiona o custo de uma grande produção cinematográfica ou de um especial de televisão, uma copa do mundo ou uma festa de entrega do Oscar.

O que existe é um preconceito arraigado às atividades político-partidárias em relação às cifras necessárias a essas atividades, o que, ajudado pela imprensa, gera a reação dos eleitores. O que temos que considerar é que em uma campanha eleitoral está em jogo não um campeonato de futebol, mas o poder político, e para alcançar este objetivo é preciso todo esforço no sentido de se colocar como postulante a um cargo eletivo e levar ao conhecimento público sua proposta de trabalho.

Tudo isto é válido e custoso.

Não vamos entrar no mérito das quantias, visto não ser este nosso tema.

As estratégias usadas na área financeira para viabilizar as campanhas derivam dos segmentos que apóiam o candidato em primeira instância. Claro que estes segmentos não são formados apenas pelas classes operárias. Da mesma forma, o segmento patronal procura apoiar os seus candidatos para que sejam eleitos e o representem na esfera política. Parece ser um jogo desigual, mas, na realidade, os pesos são os mesmos, pois enquanto a classe patronal tem a sua proposta, o candidato das classes operárias tem a sua, e, se bem pesadas, o equilíbrio se efetua.

Não podemos nos esquecer das máquinas públicas que, em época de eleição, são usadas para beneficiar os candidatos dos partidos que as detêm, através de serviços e benefícios efetuados nas campanhas.

Outra estratégia utilizada são as "dobradinhas", onde candidatos com cacifes eleitorais aceitam carregar candidatos que banquem a sua campanha financeiramente.

Todas as formas de se conseguir recursos financeiros para a campanha são válidas, desde que não criminosas.

Outra forma de se angariar recursos para as campanhas eleitorais, e que já foi utilizada com sucesso por alguns candidatos, é o lançamento, na chapa que vai à convenção do partido para ser homologada, do candidato "laranja" ou "isca".

Trata-se de acordo preestabelecido entre candidatos, onde um deles, por ter influência na executiva do partido, indica um candidato que, de antemão, já sabe que não tem, nem terá cacife eleitoral para passar na boca de urna. A partir dos nomes homologados na convenção, negocia-se a legenda com quem ficou de fora e tenha cacife financeiro, viabilizando, desta forma, os recursos necessários para o candidato que tenha influência na executiva. Costuma-se indicar como "laranja" a esposa, irmão ou amigo que abdicará da legenda perante a executiva, condicionando a desistência com a indicação de "fulano de tal".

Lícito ou não, não vem ao caso. O importante é que funciona.

8. CRONOGRAMA DE ATIVIDADES

O cronograma de atividades é peça fundamental para o administrador de campanhas eleitorais, visto que ele se presta a ordenar as atividades no seu devido tempo e proporcionar um dimensionamento do que é necessário e até quando fazê-lo.

Como já foi colocado, o ideal é que a campanha eleitoral se inicie com um ano de antecedência. Dentro destes moldes, exemplifico aqui com um cronograma montado para um candidato a deputado federal eleito.

A adequação do cronograma de atividades ao tempo em que for pedido deve ser feita com muito critério. Dependendo do prazo que temos para cumpri-lo, poderemos diminuí-lo dentro da realidade existente. Muitos candidatos nos procuram quando estão a dois ou três meses das eleições, o que nos obriga a um estudo estratégico, viabilizando apenas alguns tópicos do cronograma.

CRONOGRAMA DE TRABALHO

TAREFAS A SEREM DESENVOLVIDAS

ETAPAS

	1.ª	2.ª	3.ª	4.ª	5.ª
	dez	jan	fev	mar	abr	mai	jun	jul	ago	set	out	nov

- Reuniões Preliminares
- Inauguração Comitê Central
- Apresentação Programa do Candidato
- Lançamento Campanha
- Mensagem Boas-Festas
- Definição Dobradinhas
- Designação Coordenação Central da Campanha
- Reuniões Grupo Central de Coordenação
- Primeiros Impressos
- "Slogan" da Campanha
- Primeiras Visitas Interior
- Definição Áreas de Trabalho
- Definição Equipes Interior
- Designação Coordenadores Interior
- Viagens Interior
- Reuniões Candidatos Federais
- Preparação Material de Divulgação Campanha
- Visita às Indústrias
- Avaliação Trabalho de Cada Área
- Abertura Novas Áreas de Trabalho
- Reuniões Associações Amigos de Bairros
- Reuniões Entidades Classe
- Reuniões Domiciliares
- Levantamento Previsão de Votos Diversas Áreas
- Prioritização Áreas de Atuação
- Escolha Chefes de Equipes para "Boca de Urna"
- Planejamento Estratégico 15 de Novembro
- Listas Nominais Equipes por Zonas Eleitorais
- Mensagem Final Candidato
- Reuniões Preparatórias com Chefes Equipes "Boca de Urna"
- Relacionar Veículos para Trabalho dia 15 de Novembro
- Relacionar Necessidades de Material para 15 de Novembro
- Definir Lanches dia 15 de Novembro
- Definir Horários de Trabalho dia 15 de Novembro
- Escolha Fiscais Apuração Capital
- Escolha Fiscais Apuração Interior
- Captação Resultados

9. RECURSOS HUMANOS NAS CAMPANHAS ELEITORAIS

O que mais precisamos nas campanhas eleitorais é de dinheiro e gente que se disponha a trabalhar.

Os recursos humanos, quando em abundância ou bem treinados, minimizam o custo de uma campanha (vide PT).

Desenvolveremos este capítulo em quatro fases: recrutamento, seleção, treinamento e utilização racional.

RECRUTAMENTO

Inicialmente recrutaríamos, dentro do círculo social e familiar do candidato, elementos para trabalhar na campanha e, a partir disto, solicitaríamos ao segmento-base apoio neste sentido.

Quais os elementos a recrutar?

A) Ex.: Políticos — candidatos derrotados em outras eleições, políticos aposentados ou ex-assessores políticos.

Estas pessoas têm a vivência de campanhas anteriores e podem nos ajudar, e muito, mas também podem atrapalhar bastante, visto que adquiriram vícios que dificilmente abandonam. O ideal é que fiquem na assessoria em posição de aconselhamento, e não de direcionamento da campanha.

B) Simpatizantes: populares, donas de casa, estudantes, lideranças e outras pessoas que, identificadas com a proposta do candidato ou arregimentadas por cabos eleitorais, se oferecem para trabalhar na campanha.

Com estas pessoas pode-se montar uma estratégia de expansão da campanha, onde o candidato promove, na casa de cada simpatizante, uma churrascada, ou chá, ou o que a região mais tiver como elemento aglutinador de pessoas, para solidificar a posição do dono da casa como "amigo" do candidato e angariar simpatizantes entre o círculo social que freqüente esta casa, além do que, cada comitê domiciliar implantado desta maneira servirá de fonte de divulgação da campanha, visto que a fachada da casa receberá faixas de apoio ao candidato.

C) Transferidos: são aquelas pessoas colocadas à disposição dos candidatos por aliados políticos, pelas máquinas administrativas do partido ou por empresas que estejam colaborando com a campanha do candidato.

Para estas pessoas, o trabalho eleitoral tem um cunho mais profissional, visto que estão recebendo um salário para ficar à disposição do candidato.

No caso de funcionários públicos, estes se dedicam com maior ênfase, visto que sempre dependem de um "empurrãozinho" para melhorar no quadro funcional ou nele permanecer.

SELEÇÃO

A seleção de pessoal, se bem feita, nos coloca à disposição uma equipe de trabalho e não o exército de Brancaleone, que é o que normalmente ocorre nas campanhas eleitorais.

Pelo processo seletivo, teremos condições de saber com quem poderemos contar *full-time* e quem serão os esporádicos, o que seria a primeira coisa detectada pelo processo.

O passo seguinte seria através de um sistema de computação (micro) ou fichas, localizar cada cabo eleitoral e assessor no que tange aos aspectos profissional, social, cultural e de penetração junto à comunidade.

É mais uma ferramenta para economizarmos recursos, pois com as fichas ou sistema de computação em funcionamento, todos os serviços necessários à campanha, antes de contratados, passariam pela seleção para saber se temos algum cabo eleitoral qualificado para este serviço. Faríamos constar, além dos dados mencionados, se o colaborador está a nível de voluntário, profissional ou aliado.

Voluntário: o que presta trabalho espontâneo e gratuito, normalmente amigos e familiares, além dos conhecidos, colegas de trabalho e indivíduos que devem favores.

Profissional: trabalho mediante pagamento, que pode ser em dinheiro, favor ou ainda em promessa que desperte interesse. Cabem nesta classificação os funcionários públicos que dependem de "pistolão" para conseguir cargos mais elevados ou manter-se nos cargos.

Aliado: pessoa repassada para a campanha através de alianças, acordos operacionais efetuados com candidatos de outros níveis ou empresários.

TREINAMENTO

Em campanhas eleitorais, os dias deveriam ter 30 horas para que pudéssemos fazer tudo o que deve ser feito.

O treinamento do pessoal que trabalha em campanhas dificilmente é efetuado pelos partidos ou candidatos.

O que fazer?

Realisticamente, já que é impossível ou demandaria muito tempo prestar o treinamento adequado, apenas três pontos, se observados, nos minimizariam os efeitos desta falta.

1) *Integração*

A integração deve ser efetuada apresentando-se as pessoas umas às outras e explicando-se o que cada uma tem como função dentro da campanha.

O que normalmente ocorre nas campanhas é a alocação dos recursos humanos de qualquer maneira, gerando, com isto, conflitos internos que, muitas vezes, nos levam a perder colaboradores.

2) *Orientação*

Orientar os cabos eleitorais sobre o que se espera de seu trabalho, em que setor, bairro ou segmento vai atuar e concentrar seus esforços, transmitir plataforma e convencê-lo de sua importância, transmitir informações a respeito dos adversários, do eleitorado, criar situações simuladas, orientar como captar informações a respeito da nossa campanha e das campanhas adversárias e como transmiti-las, noções de dinâmica de grupo, comportamento etc.

3) *Motivação*

Em campanhas eleitorais, vive-se de esperança e não com o objetivo de conseguir um aumento de salário se trabalhar mais ou fora do horário.

A única motivação existente é o próprio candidato, que deve se portar perante os seus correligionários da forma mais camarada possível, cumprimentando a todos, dirigindo-lhes palavras de ânimo, perguntando-lhes sobre a família etc.

O que nossos prezados candidatos costumam fazer é se colocar em um patamar tal que se torna intangível pelos cabos eleitorais.

É comum o pessoal operacional ter considerações e questões a serem levantadas sobre a campanha, o que pode colaborar e muito no andamento da campanha. O difícil é encontrar alguém que lhe dê ouvidos. Por que não fazer uma reunião mensal com estas pessoas e deixar que elas falem? Afinal, nem só de "brilhantes assessores" vive um candidato.

Quando designarmos os cabos eleitorais que efetuarão os trabalhos externos, devemos levar em consideração as características destes elementos e do segmento que será por eles trabalhado. Fica muito mais fácil um cabo eleitoral nordestino trabalhar em seu reduto, que um japonês trabalhar no mesmo lugar.

O ponto de identificação inicial é importante na abordagem cabo eleitoral/eleitor.

UTILIZAÇÃO RACIONAL

O cabo eleitoral

No Brasil, o cabo eleitoral é visto apenas como o elemento que distribui santinho e cola cartazes. Isto se deve à falta de treinamento e seleção das pessoas disponíveis nas campanhas.

Temos muito em que utilizar este recurso na campanha, bastando, para isto, perder meio dia de trabalho do chefe de campanha que, reunido com estas pessoas, passe as seguintes diretrizes:

Principais funções de um cabo eleitoral:

1) Difusão da plataforma do candidato — Como difundir corretamente, estratégia de abordagem e defesa.

2) Termômetro — Como e onde medir a temperatura da campanha (locais e segmentos mais fortes ou mais fracos).

3) Captador de informações — Como captar informações sobre a nossa campanha e a dos concorrentes e como transmiti-las.

4) Distribuição de materiais — Estratégia de distribuição, melhores locais, público-alvo.

5) Divulgar e motivar as pessoas a irem aos comícios — Convidar parentes, amigos e vizinhos, colegas de trabalho etc.

6) Participar dos comícios, misturando-se à população para ouvir os comentários (do seu candidato e dos adversários).

7) Identificar elementos agitadores em comícios e eventos. Estrategicamente e sem alarde, identificar e procurar afastar estes elementos.

8) Infiltrar-se nas fileiras dos adversários — Toda vez que o adversário estiver adentrando em nosso segmento ou estivermos precisando de informações para montagem de defesa, deslocaremos um ou mais cabos eleitorais para a campanha adversária.

O perfil ideal do cabo eleitoral para trabalho externo seria:
a) Cultura mediana.
b) Boa aparência.
c) Desembaraço.
d) Bem integrado à comunidade.
e) Sociável.
f) Com identificação ideológica.

Não vamos nos iludir pensando em conseguir, a médio prazo, mudar a imagem formada pelos nossos políticos dos cabos eleitorais.

10. PLATAFORMA E PROGRAMA DE AÇÃO PARLAMENTAR

Diz um adágio popular que "de bem-intencionados a prisão está lotada". Claro que é exagero, mas a intenção de fazer sempre é válida. O que falta é que antes de se expressar a intenção é necessário saber se é viável e lícito o que se pretende fazer.

A plataforma de um candidato pode elegê-lo por uma gestão ou viabilizá-lo para uma carreira política junto ao seu eleitorado, dependendo sempre da postura com que o candidato se coloca perante os anseios de quem o apóia e do trabalho pós-eleitoral desenvolvido.

Uma boa plataforma, efetuada com base no anseio do eleitorado e apresentada como uma proposta viável, leva, com segurança, um candidato a posicionar-se bem em qualquer campanha.

Antes do lançamento da plataforma política do candidato, devemos fazer um programa de ação parlamentar, onde iremos avaliar a extensão de nossa proposta e a viabilidade de efetuá-la.

O que normalmente acontece é que o candidato solicita auxílio de grandes nomes intelectuais para orientar o seu programa de governo, onde consegue um ótimo programa, porém fora da realidade da população. E se consegue inseri-lo nos problemas do eleitorado, não consegue colocar o programa em uma linguagem simples e direta, gerando dificuldades em se entender o que quer transmitir.

O ideal de quem se propõe a efetuar um programa ou plataforma política é saber ouvir o que a base tem para dizer, e transformar estas informações em um programa viável.

O programa de ação do governo deve, antes de tudo, passar por um processo de coleta de dados junto ao eleitorado, visando priorizar, durante a campanha, tópicos de maior interesse da população. Isto pode ser feito com baixo custo, aplicando-se o processo de barracas fixas e, dependendo da extensão territorial do local, com barracas móveis para a coleta de sugestões oriundas da população.

Após a coleta de dados, a tabulação dos mesmos nos dará dois tipos de informações. A primeira, que aplicaremos imediatamente na confecção do programa e nos discursos do candidato, são as prioridades emanadas da pesquisa. A segunda, nome e endereço das pessoas pesquisadas, que serão utilizados em mala direta.

A confecção do programa deve ser dirigida por militantes do partido do candidato, os quais encaminharão o processo dentro do que for coletado, ajustarão as reivindicações ao programa do partido, aos discursos do candidato e às suas atitudes.

Também devem ser convidados representantes de entidades de classes e de entidades sociais para opinarem na confecção do programa.

O programa deve ter um conteúdo de simples assimilação pelo eleitorado, sem ser extenso, apresentando soluções viáveis aos problemas inerentes à população. A divisão por tópicos é sempre bem aproveitada, por dar condições de dividir o trabalho por equipe, diluindo a responsabilidade da apresentação do programa por elementos que simpatizam com tópicos distintos, agilizando a confecção e dando uma maior confiabilidade na finalização.

Um programa bem elaborado atrai, para o candidato, a simpatia da classe intelectualizada e o respeito das classes operárias, desde que a linguagem seja acessível e de fácil assimilação.

No início da confecção do programa é necessário que o candidato tenha uma reunião com cada equipe, para que lhes transmita a linha-mestra do trabalho e oriente no sentido de caminharem dentro de seus ideais.

O contato com estas equipes é aconselhável, porém não obrigatório, visto o trabalho se desenvolver com raciocínio coletivo.

Finalizando, o programa deve ser o mais politizado possível, mesclando-se com a técnica apenas onde for inteiramente indispensável.

ALIANÇAS

As alianças políticas são acordos feitos entre duas ou mais partes, visando a concentração de forças, com o objetivo de ajuda mútua. São efetuadas através de acordos que tragam vantagens às duas partes.

A escolha do aliado deve ser feita após a avaliação da campanha, onde detectaremos as nossas necessidades, em termos do segmento que teremos que atingir, recursos financeiros, humanos etc.

Uma boa aliança ou "dobradinha" deve levar em consideração os temas das campanhas de cada candidato, para que não sejam conflitantes e não despertem nos eleitores nenhuma confusão em termos da plataforma deste ou daquele candidato.

Existe, nas alianças, mais de uma forma de colaboração: penetração em segmento que falta à campanha, fornecimento de materiais casados, repasse de recursos humanos ao aliado, veículos e combustível, comitês domiciliares dominados por um dos candidatos etc.

A negociação do que cada candidato vai oferecer deve ficar a cargo da assessoria, embora o acordo deva ser feito pelos próprios candidatos que demonstrem predisposição e necessidade para tanto.

Nas alianças efetuadas, muitos candidatos já se enganaram e foram enganados pela falsa idéia do "repasse" de votos de um candidato para outro. Minimizaríamos este impacto calcando no potencial de votos do aliado uma margem percentual de 5%, no máximo, dos votos que poderia fornecer à campanha, conforme estudos efetuados em "dobradinhas" de candidatos paulistas.

11. O CANDIDATO

O candidato e o partido político

O partido político a que pertence o candidato poderá ajudar ou atrapalhar a campanha, dependendo de como está repercutindo o programa-base do partido, a atuação de outros filiados e a atuação do partido em si, na comunidade.

Quanto mais atuante for o partido na região, mais fácil a assimilação do eleitor ao candidato. O partido não ganha eleição sozinho, e nem o candidato. A união é que poderá representar a força de uma candidatura.

Quando o partido político a que pertence o candidato for fraco e pouco atuante, deve-se salientar as qualidades do candidato e procurar fortalecer a sigla através dos outros filiados que tenham alguma representatividade perante a sociedade.

Devemos lembrar que dentro de um partido político existem interesses individuais que muitas vezes se sobrepõem aos interesses do partido. Estes interesses devem ser tratados com muito carinho pelo candidato, para que não o obriguem a lutar inclusive com concorrentes de dentro de seu próprio partido.

No andamento de uma campanha política, deve-se dar uma atenção toda especial aos diretórios existentes na região, pois eles terão uma atuação vital para o bom desempenho da campanha. Devem-se fazer reuniões periódicas com os diretórios para avaliação da campanha, acatando as sugestões e opiniões dos membros, dando, assim, andamento localizado e atuação correta dos que formam o diretório. Isto é muito importante, pois a partir do momento em que um diretório se sentir marginalizado no processo da campanha, ele ficará inerte ou não desempenhará nem um terço de sua capacidade, tornando-se assim um peso morto na campanha.

Da mesma forma, deve-se ter um carinho todo especial com os comitês, que, na maioria das vezes, não são auto-sustentáveis, sendo abertos por pessoas que não fazem parte dos quadros do partido e que apenas simpatizam com o candidato. Isso não adiciona votos, tanto quanto onera o custo. Dependendo da capacidade financeira do candidato, o comitê poderá ser dispensável e revertido em local para contatos de cabos eleitorais.

Como última análise, convém salientar que os atuais partidos políticos tendem a dar estrutura logística e estratégica aos candidatos, porém, por falta de elementos qualificados para tanto, acabam atuando desfavoravelmente para o sucesso da campanha, com interpretações errôneas das bases de qualquer campanha política.

O candidato e a postura

Neste tópico, procuraremos tecer algumas considerações sobre a postura política e tática do candidato.

Existem candidatos fáceis de serem trabalhados em campanha e outros bem mais difíceis, devido à postura inicial apresentada pelo mesmo.

Postura fácil — Candidato sociável, boa penetração no partido e na classe profissional a que pertence etc.

Através de um pequeno trabalho de expansão e manutenção desta imagem, podemos conseguir ótimos resultados com pequena margem de erro, desde que acompanhado sistematicamente por um trabalho de avaliação (*feedback*).

Postura difícil — O inverso da primeira, sem maiores comentários. Obviamente, estamos falando de pessoas, e dificilmente encontraremos estes dois extremos. O que fazer?

Em primeira instância, devemos colocar em estudo as características do candidato e, após isto, fazer uma avaliação dos pontos positivos e negativos a serem trabalhados em campanha. Após este confronto de valores, partiremos para uma estratégia que reverta os pontos negativos e mantenha os positivos.

Exemplo ilustrativo — O candidato "X" tem como característica de postura fácil a sociabilidade, a boa penetração nos meios de comunicação e na classe profissional a que pertence.

Como característica de postura difícil — Baixa penetração junto aos representantes da sociedade local e no partido a que é filiado.

Plano de ação — Antes de iniciar a campanha, iremos desenvolver um trabalho de penetração nas áreas negativas da postura e, paralelamente, expandir e manter as características positivas. Como fazer?

Isto varia de situação para situação, devendo ter, tanto o candidato como os assessores, competência suficiente para tanto. Toda postura é recuperável, desde que se tenha a humildade suficiente para detectar e reconhecer os pontos fracos de uma candidatura e se possua, na assessoria, elementos com sensibilidade para desenvolver o trabalho.

O candidato e a assessoria

A assessoria do candidato tem que espelhar o que é o próprio candidato, ou seja, o melhor possível. Dentro desta linha, o assessor é uma pessoa de confiança que figura no sentido de *staff* e nunca de subordinado ou ditador de normas e regras. Deve ser uma pessoa sociável, de fácil assimilação pelos militantes do partido e pelos eleitores, e com bom trânsito em todos os níveis sociais.

Comumente, vemos políticos colocarem parentes na posição de assessores, o que, para os eleitores, conota o apadrinhamento, e na maioria das vezes não corresponde aos anseios do candidato. Por ser pessoa de íntimo relacionamento e alocada a uma condição inferior, este assessor tende a encobrir os acontecimentos com palavras otimistas, o que, na verdade, faz mais mal que bem ao candidato, uma vez que não leva a realidade dos fatos ao seu conhecimento, prejudicando, desta forma, a atitude que corrigiria a falha.

Plagiando as palavras do general mexicano Álvaro Obregón: "Não tenha medo dos inimigos que o atacam. Tenha medo dos amigos que o bajulam".

O assessor tem que ser, acima de tudo, um amigo sincero, que leve os fatos como eles realmente se apresentam e procure a solução em conjunto.

Uma boa assessoria procura deixar o candidato à vontade perante o povo e ser a mais discreta possível em suas atividades, sem que com isto torne-se omissa. Uma boa assessoria trabalha em silêncio.

A assessoria, dependendo da abrangência do candidato, deve ser dividida em atividades (organograma). Para uma pequena candidatura, teríamos dois assessores, um que iria encaminhar a parte técnica da candidatura como programa de governo, finanças, transporte etc., e um segundo para a área política, como relações públicas, cerimonial, eventos etc.

Desnecessário dizer que o entrosamento das três figuras deve ser harmonioso, e o contato, freqüente. Nenhuma informação deve ser escamoteada do candidato pela assessoria. Em seus contatos, a assessoria deve inspirar confiança e otimismo em qualquer circunstância e estar sempre atenta às reivindicações dos militantes e cabos eleitorais, pois, na realidade, ela é o elo de ligação do candidato com as bases.

O candidato e o concorrente

A concorrência em uma candidatura pode ser comparada à tonalidade de uma música, onde, ajustando-se o tom, ficará mais grave ou mais agudo.

O candidato e sua assessoria têm que ter sensibilidade política suficiente para detectar qual a hora de mudar o tom e, se preciso, a própria música, em consonância com o que for tocado pelo concorrente.

Apresenta-se aqui a fase mais dinâmica de uma campanha, um verdadeiro jogo de xadrez, onde quem fizer a jogada errada, pode perder pontos estratégicos ou mesmo o próprio rei. A atualização de conhecimentos do que faz o concorrente é de suma importância, e qualquer alteração do curso da campanha deve ser encaminhada com o maior cuidado, pois, na precipitação, a alteração pode trazer conseqüências desastrosas.

Em campanhas passadas, tivemos a experiência desta mudança. O discurso do candidato "X" tinha conotação de análise de problemas existentes na cidade, e o candidato "Y" vertia para ataques pessoais contra "X". O candidato "X", mudando a tática, resolveu responder aos ataques do concorrente, e a resposta do eleitorado foi imediata, pois o candidato "Y", que parou com o ataque, começou a figurar como vítima, intencionalmente, levando sua postura para este caminho. Eis um caso de precipitação na mudança da estratégia, pois se "X", ao invés de atacar, tivesse contemplado o papel de vítima, garantiria imunidade contra ataques, pois qualificaria o concorrente como algoz.

Falhou o candidato, falhou a sua assessoria, pois como diz a milenar sabedoria oriental: "Faça a força do inimigo ser usada contra o próprio".

Num primeiro momento, pareceria ao candidato e sua assessoria que a não defesa aos ataques pessoais seria interpretada pelo eleitor como covardia ou consentimento das acusações. Mas se, ao invés de se mudar a estratégia, deixassem transcorrer por um pouco mais de tempo a campanha, naturalmente iria afluir a diferença, principalmente se "X" se comportasse de modo a transparecer a figura de vítima de calúnias e infâmias.

Uma coisa é certa: só se pode dar soluções a estes problemas na medida em que forem acontecendo, o que torna o jogo muito mais fascinante para quem o joga bem.

12. A MÍDIA EM CAMPANHAS ELEITORAIS

Meios de comunicação: "São uma porta para a mente, tanto quanto uma janela para o mundo" (Tony Schwartz).

Após o aparecimento do rádio e principalmente da televisão, a informação deixou de ser privilégio de poucos e os políticos acabaram perdendo um de seus trunfos, ou seja, trazerem a informação sobre os acontecimentos e sobre suas realizações, principalmente no circuito capital/interior.

Um dos maiores poderes que existiam, antes do acesso popular às informações, era o conhecimento dos fatos por parte do homem público, razão porque até hoje os políticos, em sua maioria, procuram destacar a sua formação cultural quando em campanha eleitoral, valorizando seus conhecimentos.

Sabemos que os meios de comunicação afetam profundamente as atitudes da comunidade, as estruturas políticas e o estado psicológico de todo um país, pois a alfabetização não é pré-requisito para assimilação de conhecimentos provenientes do mundo eletrônico. Por esta razão, todos hoje têm o direito de receber a informação e interpretá-la.

Atualmente, pode acontecer o que for, mas nada aconteceu enquanto não acontece na televisão, e por mais convincente que seja o informante, a instantaneidade da mídia eletrônica avaliza ou desmente em segundos a informação prestada.

Uma das maiores demonstrações de força da mídia no Brasil foi a campanha "Diretas Já".

O país só passou a reivindicá-la, com o povo nas ruas, a partir do momento em que os meios de comunicação se engajaram nesta campanha, e quando — depois — apoiaram a candidatura Tancredo Neves. Como lembramos, a estratégia usada naquela campanha presidencial foi a continuação da adotada nas "Diretas Já", quando houve uma convocação geral para mudança.

Tivemos outro exemplo mais recente na campanha presidencial de 1989, quando então o uso indiscriminado dos meios de comunicação em benefício de um só candidato, mesmo feito subliminarmente, pesou — e muito — na campanha eleitoral.

Os meios de comunicação estão em toda parte e em parte alguma; são como um espírito, uma entidade incorpórea que não ocupa espaço e que, ao mesmo tempo, ocupa todo o espaço, bem próximo da definição de Deus.

Isto é que faz o rádio e sobretudo a televisão serem considerados autênticas "caixinhas de surpresas".

Em campanhas eleitorais, os meios de comunicação são usados para se alcançar um resultado direto: aumentar a quantidade de votos de um candidato. É possível medir os resultados que se pretende; no entanto, os efeitos colaterais dos meios de comunicação nas campanhas são indefiníveis, porque as pessoas que recebem tais mensagens não o fazem da mesma maneira que aqueles que as planejaram.

Um exemplo clássico foi o famoso debate entre candidatos à Prefeitura de São Paulo, em 1985, no qual em nenhum instante o candidato Fernando Henrique Cardoso disse que não acreditava em Deus, mas, sim, que não usaria a religião para conseguir votos. Como a campanha de seu adversário pregava ser ele um candidato ateu, o povo ligou uma coisa à outra e concluiu o que já estava no contexto.

O rádio e a televisão transmitem emoções, estilo e qualidade, provocando resultados os mais imprevisíveis. Através do uso de técnicas de comunicação, tais mídias podem atingir o público de uma forma mais homogênea e com menos riscos de efeitos colaterais inesperados, alcançando seu alvo de uma maneira mais profunda do que qualquer cabo eleitoral.

Numa pequena comunidade, o efeito de um investimento na mídia, na faixa de Cr$ 100.000,00, é muito superior ao resultado de qualquer comício que reúna uma grande quantidade de público.

Hoje, é muito mais importante que um candidato use adequadamente a televisão, o rádio e a mídia impressa, em vez de receber apoio partidário. (Vide a última eleição presidencial.)

A mídia está substituindo os partidos políticos no que diz respeito à sua organização e atuação nas campanhas eleitorais, tornando-se o principal canal de comunicação para o eleitorado e um meio de organizar o público na votação. Conseqüentemente, cresce cada vez mais o número de candidatos que tem uma postura política não partidária, e o voto em candidatos de diferentes partidos em eleição conjunta, torna-se um fenômeno comum. Este é um dos motivos por que sempre alerto os candidatos para o que representa o índice de repasse de votos de uma dobrada.

Muito mais que um partido político, a mídia é responsável pela formação de nossas idéias e por nosso comportamento político.

A televisão está fazendo com que milhares de pessoas sintam que, sem participarem da política, podem influenciar as questões políticas e governamentais.

Isto também significa que acreditam poder influenciar votando em branco ou anulando seu voto (voto cacareco, Birobiro etc.). Esta crença não é irreal.

Agora um candidato não necessita mais da estrutura de um partido, como precisava nas décadas de 40 ou 50, mas da constituição de uma nova estrutura de comunicação que possa lhe oferecer recursos tecnológicos para a ocupação de espaços disponíveis nas mídias.

Hoje, para preparar um debate, um candidato não tem mais de caminhar com os próprios pés: ele conta com o auxílio de redatores, estrategistas políticos, pesquisadores e produtores.

A televisão e o rádio não segmentam ouvintes na área eleitoral e isto gera um problema para os estrategistas políticos quando da implantação da propaganda, pois na maioria das vezes o discurso é segmentado, principalmente em campanhas proporcionais.

Na comunicação através da mídia eletrônica, a recordação apreendida não é tão relevante quanto a recordação evocada. O eleitor tende a prestar mais atenção à propaganda sobre candidatos que já conhece, ou em quem já votou. Por isto, as campanhas majoritárias são quase todas baseadas em *replay*.

É sistematicamente criticado o aparecimento, em campanhas eleitorais, de temas violentos, tanto referentes ao opositor, quanto às propostas de governo. Mas já está comprovado que o que gera manchetes e interesse nunca é uma boa notícia, mas sim, os grandes desastres, falcatruas, geadas, enchentes, corrupção e subornos.

Muitas pessoas têm como certo que o trabalho de Marketing Político consegue — através do poder econômico — fantasiar um candidato e fazê-lo eleito. Isto é possível, mas os eleitores votarão neste ser fabricado apenas uma vez; a segunda será difícil. Se pensarmos em algumas pessoas isoladamente, podemos até considerá-las ingênuas, mas a reunião popular é a suma sabedoria.

O Marketing Político tem como essência destacar as qualidades do candidato, direcionando estratégias no sentido de alcançar o eleitorado que mais se identifique com estas qualidades, e por outro lado, amenizar as deficiências que o candidato possua.

Um candidato consegue se eleger quando possui o dom de persuasão e convence um bom número de pessoas de que suas aspirações coincidem com as do povo.

O Marketing Político não ganha eleições; ajuda a quem tem condições de fazê-lo a chegar lá.

13. O PALANQUE ELETRÔNICO OU A TELEVISÃO ELEITORAL

Televisão é um meio intimista, um meio recebido e não percebido; a televisão é impressão, é *show*. O caráter doméstico da televisão faz com que a relação emissor-receptor aconteça de modo próprio, íntimo e peculiar, derrubando as defesas racionais e elevando ao máximo o envolvimento emocional.

A TV é uma sucessão de imagens que formam um mosaico impressionista, provocando impressões subjetivas. A realidade da televisão não existe, pois ela é transmissora de imagens, assim como o cinema. Este forma imagens em seqüências de 24 quadros por segundo que não são suficientes para desaparecer de nossa impressão visual e que, ligados aos próximos 24 quadros, dão o movimento ao cinema, que é percebido por nossa visão. A TV é um mosaico iconográfico de imagens, impressões e de palavras. Uma seqüência de pontos luminosos (ícones) e linhas se apresenta à nossa visão, e nós, em nossa cabeça, os juntamos e formamos uma imagem. Por isso a TV é irracional e ilógica.

O candidato, ou qualquer outra pessoa que se utiliza da televisão, se desconhecer a natureza do meio que está usando, está fadado ao malogro.

Como qualquer outro meio de comunicação, a televisão faz parte da sociedade, influenciando e sendo influenciada. Representa as contradições dessa mesma sociedade, em sua essência e aparência. Apropriando-se dos diversos elementos culturais, a TV transforma-os em produtos distribuídos em escala industrial, consumidos a domicílio e utilizados como fonte de vivência pessoal e de referência coletiva. Os valores sociais são ampliados e reproduzidos, expressando a sociedade que os produz.

A maioria dos políticos, principalmente os de carreira, não estão preparados para enfrentar câmeras e microfones. Obrigados pelo meio televisivo a exprimirem idéias de forma clara, concisa, lógica e convincente, sem tempo para pensarem na resposta, poucos são os que conseguem fugir ao discurso de palanque e aproveitar ao máximo os dividendos de uma opinião divulgada para angariarem uma imagem favorável, angariando simpatizantes, adeptos das idéias e das causas que defendem ou pretendem defender.

O primeiro político a fazer uso racional da televisão como um eficiente cabo eleitoral foi John Kennedy em 1960. Ele estava apenas engatinhando no domínio do meio televisivo, que foi muito aperfeiçoado por outro candidato, Ronald Reagan, um ex-ator que, na campanha de 1984, mostrou-se um dos melhores políticos que já apareceram no vídeo.

Aqui no Brasil, a televisão só recebeu um tratamento racional, em campanhas políticas, a partir da campanha "Diretas Já", passando por experiências nas campanhas de governador e prefeito (1985, 1986, 1988) e chegando a um começo de profissionalismo na campanha presidencial de 1989.

Mas a utilização da mídia eletrônica não é novidade. Goebbels utilizou o rádio como instrumento de divulgação da ideologia do grupo que estava no poder durante o III Reich. E esta utilização foi tão intensa que vários historiadores chegam ao ponto de afirmar que Hitler seria inconcebível sem o rádio. No Brasil, Getúlio Vargas aprendeu a usá-lo para disseminar sua política e Fernando Collor de Melo utiliza a TV para passar uma imagem de homem forte, austero e capaz nos telejornais em rede nacional, todos os dias.

A comunicação na televisão é assunto complexo e que deve ser tratado por profissionais: aos políticos cabe a importantíssima tarefa de definirem a mensagem, *o que* dizer. *Como* dizê-lo é tarefa que envolve uma assessoria competente em comunicação, capaz de utilizar o veículo na plenitude de sua capacidade.

Na campanha presidencial de 1989, uma das primeiras a utilizar a televisão com plena liberdade, é razoável que se tenha apresentado desafios novos aos políticos e comunicadores. No entanto, com a consolidação do sistema democrático, sua importância e influência no processo eleitoral tenderão a ser cada vez maiores. E não é exagerado afirmar que o destino dos políticos, daqui para a frente, será diretamente proporcional à sua capacidade de bem usarem o meio.

Ninguém vai precisar ser um Sílvio Santos, um Chacrinha, um Cid Moreira ou Boris Casoy para se eleger, mas terá de saber explorar a força comunicativa da mídia e evitar os prejuízos que o saturamento pode trazer.

Com a mesma rapidez e poder de fogo, a TV leva ao telespectador uma *imagem* positiva ou negativa do candidato.

O termo imagem aparece grifado no parágrafo anterior, justamente para enfatizarmos que a TV é um meio que não nasceu para o debate ou esclarecimento de idéias. Tudo na televisão é *show*. Você não tem um noticiário com as notícias do dia, você tem um *show* de notícias. O conceito é completamente diferente.

Na campanha presidencial de 1989, de um modo geral os candidatos tornaram-se presenças assíduas em noticiosos, entrevistas e debates. E levaram a uma constatação: falta-lhes traquejo nessa difícil arte de mesclar os ingredientes necessários para o sucesso no vídeo. Não encontraram o caminho para explorarem sua *imagem* e alcançarem seus objetivos. Excessiva proximidade ou distanciamento, gesticulação, expressão facial, roupas inadequadas, postura, olhar, timbre de voz, interpretação e o próprio estado emocional transpareceram através das câmeras e microfones.

Um pesquisador francês estudou durante 10 anos, na Europa, as campanhas eleitorais para saber o que mais funciona nestas campanhas e concluiu que três fatores influenciam na formação de uma tendência de voto do telespectador. Em primeiro lugar ficou o *tom de voz* com que o candidato se comunica. Em segundo, a *expressão facial*, e em terceiro o conteúdo do discurso.

Observamos que os dois primeiros itens registrados são absolutamente irracionais, ilógicos e emocionais. E o terceiro são as palavras, e elas são usadas na televisão não para esclarecer idéias nem para propor problemas e soluções, mas sim para formar *imagens*.

Tudo tem de concorrer para a formação da imagem do candidato, o que se dá de maneira subjetiva, irracional e ilógica. Por exemplo, a roupa que se usa deve estar de acordo com o cargo que se pleiteia, as palavras que se expressa, o eleitorado que se está visando, e a imagem que se procura transmitir para o eleitor.

Em televisão não se deve gesticular como num palanque: deve-se usar gestos brandos para não distrair a atenção de quem está ouvindo a mensagem.

Quando um candidato se apresenta na televisão, deve ser ele quem impõe o ritmo; se ele estiver empenhado numa discussão política, deve liderar o ritmo, mais agressivo ou menos agressivo.

Na TV, ele não está num comício, está na casa de uma pessoa; por isto, deve conversar, de preferência olhando para a câmera como se estivesse falando com o eleitor. O tom deve ser coloquial, íntimo, não pode parecer discurso e nem se deve usar palavras de discurso. Deve-se usar termos que falem ao telespectador de sua vida, seus problemas, seu bolso.

Com a liberdade existente na TV brasileira hoje, viraram moda os debates entre candidatos. O debate televisivo tem levado muitos candidatos a perderem ou ganharem campanhas. Mas será que quem ganhou o debate nas idéias e discussões apresentadas ganhou a eleição?...

Quem não ganhou debate e foi eleito:
Montoro (Governo de São Paulo).
Jânio (Prefeitura de São Paulo — não participou de nenhum debate).
Collor de Melo (só compareceu aos dois últimos debates, e na opinião da imprensa e das pesquisas não ganhou nenhum dos dois).

Quem ganhou debate e não foi eleito:
Rogê Ferreira (campanha pela prefeitura de São Paulo).
Lula (campanha presidencial).

Político inteligente não vai a debate para ganhar o debate, mas para ganhar o eleitor. O debate não é para esclarecer idéias: é um *show* de personalidades. Debate não é arena, debate é passarela. O candidato deve ganhar *quem* está em casa e não *de quem* está com ele no debate.

Deve aproveitar as agressões de um debate como argumento a favor do telespectador e a favor da imagem dele, candidato, junto ao eleitorado.

Não esquecer que estará conversando com um telespectador que tem de ser convencido a votar nele.

Existem quatro tipos de imagem que foram até agora incorporadas pelos candidatos: a imagem de Herói (Fernando Collor de Melo), a do Pai (Getúlio Vargas), a do Homem Comum (Orestes Quércia) e a do Líder Charmoso (Juscelino).

O candidato deve usar a televisão com um objetivo de Marketing Político, ou seja: um objetivo que nasce de dentro para fora, que nasce na pesquisa do eleitorado que detona e esclarece quais os desejos e as necessidades do eleitor. E, de posse destes dados, o candidato vai para a TV para formar uma *imagem* emocional e afetiva que faça com que se admita que ele tem a *imagem* de quem melhor irá atender às necessidades daquele eleitor.

DICAS PARA TELEVISÃO

Maquiagem: Deve ser feita por profissionais que entendam do olhar eletrônico das câmeras, para que o candidato não apareça com o rosto brilhando ou com excesso de batom.

Iluminação: Nunca deixe uma imagem ser iluminada de baixo para cima, pois isto criará profundas olheiras, dando um aspecto de doente ou defunto.

Roupa: Procure saber com antecedência a cor do cenário em que você será entrevistado ou em que ocorrerá o debate. Roupas da mesma cor que as do cenário deixarão apenas seu rosto aparecer — ou seja, será uma "cara falante".

Postura: Demonstre "inconsciência" de si mesmo, não tenha "fome" de querer aparecer.

Câmeras: Dependendo da imagem que você queira passar, a posição das câmeras será fundamental para colaborar com esta impressão:

    câmera abaixo dos olhos: ar arrogante, ditatorial, autoritário.
    câmera acima dos olhos: humilde, subserviente.
    câmera na altura dos olhos: normal.

Posição das mãos: nunca as levante acima dos ombros; use gestos brandos.

Ritmo: Você é quem deve impor o ritmo das discussões.

Tom de voz: Converse, não discurse.

14. *OUTDOOR OR NOT OUTDOOR?*

As grandes empresas, que se utilizam normalmente de propaganda, estão acostumadas a alugar espaços em *outdoors* para divulgarem seus produtos.

Em campanhas eleitorais, é normal que se tenha a mesma pretensão quanto aos candidatos.

Mas por que o efeito não é o mesmo?

Nas últimas eleições, alguns candidatos utilizaram-se desta mídia e, pelo demonstrado nas urnas, parece que o efeito não foi o esperado. Pelo menos, a relação custo/benefício não foi vantajosa.

A razão é simples.

Quando se coloca um produto à venda, sua divulgação tem intuito comercial, ou seja, a mensagem deve chegar ao público consumidor.

O uso do *outdoor*, neste caso, serve como apoio a toda uma gama de ações publicitárias deflagradas para aquele produto.

E no caso do candidato?

Devemos lembrar que, no Brasil, o voto é obrigatório, o que — em princípio — deixa o "consumidor" (eleitor) pouco à vontade para cumprir este ato.

Além disto, a decisão de votar neste ou naquele candidato não dá satisfação ao desejo "consumidor" da população.

Outro ponto é que o voto é quantitativo e não qualitativo. As agências de publicidade selecionam o seu *target* (público-alvo) através de um processo seletivo e detonam a bateria publicitária em cima do objetivo financeiro do consumidor, ou seja, da qualidade financeira do consumidor daquele produto.

A propaganda eleitoral é quantitativa, ou seja, o voto de qualquer segmento, classe sócio-econômica, tem o mesmo valor.

Qual a solução?

No caso das campanhas eleitorais, a linguagem e as ações devem ser as mais intimistas possíveis, derivando disto a preferência dos candidatos por pintarem muros de residências com uma propaganda eleitoral bem feita. Para o público externo, ela denota o apoio e a simpatia daquela família ao candidato. Claro que não se pode pintar muros sem a devida aprovação dos moradores, mas, com uma pequena contribuição a título de aluguel do muro, e com o compromisso por escrito de repor a cor original do muro após a campanha, certamente você conseguirá bons espaços para sua propaganda eleitoral.

Quanto mais muros pintados o candidato tiver, mais força eleitoral será mostrada à população, pois — como sabemos — "não se aposta em cavalo sem aparência de vencedor".

Argumentos como "em vez de ter um palavrão recepcionando os freqüentadores de sua casa, tenha uma campanha eleitoral bem pintada e colorida" têm dado grandes resultados.

Mais um lembrete: procure muros que estejam próximos de seções eleitorais, ou nos caminhos para estas, pois é o tipo de propaganda que normalmente não cria problemas com a justiça eleitoral.

15. PRÁTICAS PARA UM CABO ELEITORAL

Este capítulo tem como objetivo falar da prática dos cabos eleitorais em campanhas, ou seja, pequenas coisas que podem ajudar a minimizar os custos e que constantemente são usadas em campanhas eleitorais.

— Cola para cartazes: a cola para cartazes de rua é preparada normalmente em tanques de 200 litros, sendo sua fórmula composta por água, farinha de trigo ou polvilho. Depois de pôr a água no tambor, coloca-se no fogo até aquecer, acrescentando-se a farinha ou polvilho, até formar um caldo grosso. Atualmente está se acrescentando soda cáustica à mistura, o que dispensa o aquecimento e rende mais, pois a cola sem soda cáustica só pode ser usada enquanto quente, qualidade que a soda cáustica faz ser constante.

— Vassoura para a fixação de cartazes: o tipo de vassoura que melhor resultado apresenta é a de pêlo.

Comumente, usamos vassoura de cabo duplo, ou seja, um cabo pregado ao outro com a vassoura na ponta. Isto possibilita a colocação de cartazes em locais mais altos e dificulta o acesso dos concorrentes que queiram recobrir estes cartazes.

— Localização e forma dos cartazes: hoje em dia, confeccionam-se três tipos de cartazes: o painel, o poster e o pirulito.

Painéis: são cartazes retangulares, com dimensão aproximada de 40 cm de largura por 60 cm de altura ou mais, que são usados nos pontilhões, viadutos, paredes e paredões. Mostram a foto e o nome do candidato, ou são feitos com as letras que formam o nome do candidato, preferivelmente a uma cor.

Posters: são cartazes retangulares, com dimensão aproximada de 30 cm de largura por 50 cm de altura, usados para colar em postes, internamente em comitês, bares, restaurantes etc.

Pirulito: cartazes retangulares com dimensão aproximada de 30 cm de largura por 1 metro de altura, usados para se colar em postes de iluminação. São feitos apenas com o nome do candidato e a uma cor.

Pirulito Pequeno: cartazes retangulares com dimensão aproximada de 10 cm de largura por 80 cm de altura, que se usam colados em semáforos (sinaleiros) e postes de menor diâmetro.

Devemos procurar diferenciar os cartazes de uma campanha, para obtermos destaque. Em 1978, por exemplo, trabalhei para um candidato com poucos recursos e que necessitava de destaque no pouco material disponível.

Utilizamos um artifício na colocação dos cartazes que — embora simples — demonstrou boa eficácia. Ou seja, colamos os cartazes de ponta-cabeça.

Falamos de cartazes: eles devem ser coloridos ou branco e preto?

Como disse Tom Eisenlohr, da DPZ, numa palestra que proferiu sobre administração de material de campanha: "Pensar que um cartaz em preto e branco vai sensibilizar o eleitor é induzi-lo a pensar que o candidato é econômico, é enganoso. As pessoas vivem e pensam em cores".

Os custos para a confecção de 100.000 cartazes preto e branco são iguais aos custos de 40.000 cartazes coloridos, e o benefício que esses 40.000 representam é cinco vezes maior que os 100.000 P&B. Se aliarmos isto ao formato, teremos então o destaque ideal.

Imagine o que representará, no emaranhado de cartazes existentes em época eleitoral, se você fizer um cartaz triangular, vermelho, escrito em amarelo e com foto colorida?

Em cada 10 cartazes preto e branco colados num paredão, com certeza o seu aparecerá em 1? lugar.

E os santinhos? Como utilizá-los?

Os famosos santinhos são impressos de aproximadamente 10 cm de altura por 6 cm de largura, onde normalmente se coloca a foto do candidato, o número, o partido, o candidato da aliança, e o tema da campanha eleitoral. No verso, usa-se imprimir calendários, tabelas de jogos etc.

O grande problema do santinho não é sua confecção, mas sua distribuição.

O santinho é uma arma usada pela infantaria da campanha (corpo a corpo) na estratégia eleitoral. Ele só tem validade como apoio, ou seja, em conjunto com a artilharia (propaganda massificante).

O que normalmente ocorre, é o candidato ou assessores enviarem os cabos eleitorais a locais que não dispõem de uma ação de artilharia, o que na maioria das vezes é desperdício de tempo, dinheiro e de recursos humanos. É como enviar um único soldado, armado de estilingue, para combater um exército armado de metralhadoras.

Deve-se usar os santinhos em comícios, visitas do candidato, ações onde a artilharia esteja ativa, de preferência em conjunto com a ação do candidato.

A técnica de entregar santinhos em filas de ônibus, em trens, metrôs ou em aglomerações apenas irrita os eleitores, que aguardam sua condução ou estão se encaminhando para ela.

Mas, então, o que substitui o santinho?

Vamos nos imaginar numa fila de ônibus onde estão dois cabos eleitorais trabalhando.

Um distribui santinhos, 100.000 por dia. O outro distribui discos de acetato ou pregadores de roupa com o nome do candidato, aproximadamente 10.000 por dia.

Qual o material que você colocaria automaticamente no bolso e levaria para casa? Qual cabo eleitoral conseguiria maior benefício para seu candidato?

É obvio que o cabo eleitoral que distribui os 10.000 discos/pregadores por dia teria uma relação de benefício próxima dos 100%, pois os eleitores podem ser radicais, mas não são burros.

Se o eleitor pega um disco, terá no mínimo a curiosidade de saber o que contém, ou então de levar para o filho brincar; se ele pega um pregador de roupa, pensa automaticamente na dona de casa que será a beneficiada e o leva para casa, enquanto o que pegou o santinho...

Esta estratégia já foi utilizada em campanhas anteriores, e reparamos que as pessoas que ganham qualquer brinde, dificilmente ou nunca (dependendo do brinde) o jogam no chão.

Este conceito de utilidade é que está fazendo com que apareçam pregadores de roupa com o nome dos candidatos, réguas, lápis, borrachas, canetas, pregadores de dinheiro, marcadores de páginas de livros, jogos infantis, quebra-cabeças, todos levando o nome do candidato.

Mas e o custo? Não é muito alto?

Lembremos que distribuir 10.000 brindes, com aproveitamento de 100%, é o mesmo que distribuir 100.000 santinhos com aproveitamento de 10%, ou menos.

Mais um lembrete: seja original. No lugar de chaveiros já existem várias opções no mercado, pelo mesmo preço deste brinde ou, talvez, mais barato, até.

O perigo das camisetas

Numa campanha eleitoral, as camisetas constituem um dos itens mais caros para o candidato, além de terem produção limitada, como reparamos nas últimas campanhas.

O maior problema está em saber qual a melhor época para se soltar este material para os eleitores.

Se o liberarmos muito cedo, teremos de comprar a fábrica, pois os vizinhos e os amigos dos que ganharam, certamente irão querer e se não servirmos a todos, conseguiremos uma grande força contrária à nossa campanha.

A liberação tardia não produz o efeito esperado.

O que fazer?

Temos de ter em mente o número de eleitores que precisamos atingir para que o candidato seja eleito. Conhecido esse número, basta multiplicá-lo por 3 e fazer as camisetas que devem ser entregues nos 45 dias restantes para o término da campanha, além de separarmos um número suficiente para quem vai fazer boca de urna. Se não tivermos recursos para confeccionar esta quantidade, é melhor não utilizar este material.

Já existem no mercado alternativas para camisetas, como jalecos de papel ou plástico, bonés de papel, plástico ou pano etc.

Podemos optar pela distribuição das telas de *silk-screen*, para que os cabos eleitorais, comitês ou líderes comunitários imprimam em camisetas brancas dos eleitores a mensagem do candidato. É necessário que a mensagem seja muito bem feita, para atrair os eleitores.

Último lembrete: o Brasil continua sendo um país de "descamisados".

16. CAMPANHA ELEITORAL NO NORDESTE

Quem estuda as campanhas eleitorais no Brasil e nunca participou de uma no interior do nordeste, não imagina como o coronelismo e a subserviência ainda estão atuando, em pleno final do século vinte.

A experiência que passo a relatar foi vivida no interior do Maranhão, durante a campanha eleitoral para prefeito e vereadores de 1988.

Após 14 anos de convivência com campanhas eleitorais nos estados do sul do país, predominantemente em São Paulo, resolvi que faltava para meu aperfeiçoamento vivenciar uma campanha eleitoral no nordeste do país.

Já havia participado de campanhas em São Paulo, no Paraná, Espírito Santo e Rio de Janeiro; mas, para que pudesse traçar um perfil do eleitor brasileiro, faltava-me um conhecimento mais profundo do nordeste.

Fui convidado, em 1988 a assumir a superintendência de uma emissora de TV, localizada geograficamente no interior do Maranhão, mas que tem como cobertura e mercado comercial, a capital do Piauí. Esta emissora pertence a um grupo político da região, formado pelo prefeito da cidade, um deputado estadual que tem seu reduto na cidade e um deputado federal muito bem cotado na região.

Por não conseguirem viabilizar financeiramente a emissora, contrataram meus serviços para organizar e conseguir a rentabilidade necessária para que a emissora sobrevivesse.

Este convite foi feito após uma palestra que proferi na 6ª Convenção das Afiliadas do SBT, onde coloquei a importância mercadológica da divulgação de um programa como um produto a ser valorizado por outras mídias.

Rapidamente detectamos o erro mercadológico cometido naquela empresa.

A estratégia da emissora estava totalmente voltada para grandes anunciantes, que na região não somavam mais que cinco. Mudamos este comportamento, procurando o varejo e oferecendo condições para que anunciassem.

Com a mudança da estratégia mercadológica, a emissora ampliou sua carteira de clientes para 92 anunciantes e conheceu um crescimento financeiro de 300% no primeiro mês, mantendo uma taxa de crescimento sempre acima da variação cambial (dólar) durante o ano e meio em que fiquei à frente de seu Departamento Comercial.

Desde minha chegada à emissora, o "grupo político" se entusiasmou por fazer uma campanha eleitoral que seguisse técnicas de Marketing Político e que pudesse aumentar as chances de vitória dos candidatos apoiados pelos interessados.

Chamaremos o candidato a prefeito que estava sendo apoiado de José, para melhor identificação.

Pela primeira vez, a cidade teria uma campanha eleitoral com uso do horário gratuito do TRE na emissora de TV local, e esta era a principal preocupação.

José, o candidato apoiado pelo grupo, era um homem simples, pequeno comerciante local, de pouca cultura e com raciocínio lento.

Por mais pilotos e ensaios que fossem feitos, o candidato não conseguia uma imagem ou linguajar pelo menos razoáveis para a televisão.

Seu principal oponente, que chamaremos de Pedro, era deputado estadual, médico, com experiência em comunicação eleitoral e dono de um raciocínio rápido e convincente.

O desespero dos assessores de José foi tão grande que, por mais de uma vez, o transmissor "desarmou" (avaria) no começo do programa eleitoral do candidato Pedro. Protestos junto ao Juiz Eleitoral, à Polícia Federal, ao TRE e ao Dentel deram um fim às "avarias" da emissora.

Solicitei algumas pesquisas iniciais e, com base nas informações obtidas, confrontamos o que o povo pedia e o que o nosso candidato poderia oferecer.

QUADRO 1

Instituto Piauiense de Opinião Pública Ltda.
Pesquisa de opinião: perfil candidato a prefeito por classe social (MA). 16/19 julho de 1988.

L/C	A %	B %	C %	D %	E %	TOTAL %
HONESTO	33.33	25,00	25,93	23.11	20.63	23.12
TRABALHADOR	22.22	2.78	15.56	15.53	15.87	15.18
EXP. POLT./ADMINIST.	5.56	25.00	14.07	12.50	7.54	11.49
POPULAR	16.67	5.56	5.93	6.06	9.13	7.38
RESPONSÁVEL	5.56	8.33	9.63	6.44	7.54	7.52
BOM POLÍTICO	0.00	0.00	5.19	7.95	5.16	5.82
DE CONFIANÇA	0.00	2,78	2.96	3.79	3.97	3.55
TER LIDERANÇA	0.00	5.56	1.48	1.14	0.40	1.13
JOVEM	0.00	2,78	1.48	0.00	1.19	0.85
PRESTATIVO	11.11	11.11	6.67	7.20	8.73	7.94
OUTRAS	5.56	8.33	6.67	4.92	5.16	5.53
N.SABE/N.OPINA	0.00	2.78	4.44	11.36	14.68	10.50
N. ENTREV.	18.00	36.00	135.00	264.00	252.00	705.00

Fonte: Pesquisa direta.

Pergunta: Na sua opinião, quais as qualidades que o(a) sr(a) acha que deve ter um cidadão candidato a prefeito?
Pergunta com resposta múltipla.

Dados extraídos da pesquisa
O candidato ideal deve:
Ser honesto

Candidato José
Já tinha sido Prefeito em gestão anterior e sua imagem de honestidade estava garantida, pois (por incrível que pareça) ele entrou pobre e saiu pobre da Prefeitura.

O candidato ideal deve:
Ser trabalhador

Por ser um pequeno comerciante local, e sempre ter vivido de seu trabalho sem depender de favores políticos, ficou fácil refletir esta realidade para a população.

O candidato ideal deve:
Ter experiência político-administrativa

Prefeito anteriormente, administrou seus negócios sempre honrando seus compromissos.

Estas informações fornecidas pelo IPOP — Instituto Piauiense de Opinião Pública, foram comparadas também com o opositor.

Pesquisa
O candidato ideal deve:
Ser honesto

Candidato Pedro
Por ser deputado estadual e ter seu local de trabalho na capital, este candidato há alguns anos não aparecia no município, a não ser esporadicamente e sem cobertura jornalística (por motivos óbvios). Fixou residência na capital do Estado, distante 450 km da cidade e possuía uma bela casa com piscina, à beira-mar, além de um sítio para lazer. Como não clinicava (médico), ficaria fácil "chamuscar" a sua imagem.

O candidato ideal deve:
Ser trabalhador

Um dos grandes pecados do candidato Pedro foi ter-se acomodado com a situação de deputado estadual, e nunca ter entrado com um pedido ou defendido qualquer projeto de interesse da região, embora já estivesse no cargo há dois anos. Este fato facilitaria nosso trabalho de colocar o candidato como ineficiente para cuidar dos interesses da comunidade.

O candidato ideal deve:
Ter experiência político-administrativa

Era inegável que este candidato possuía experiência política, mas ele montou sua campanha eleitoral para deputado estadual prometendo ações próprias da alçada do Executivo municipal e não do Legislativo estadual; ou seja, morreu pela boca.

Dentro deste perfil, traçado com a ajuda das pesquisas e do conhecimento dos candidatos, começamos nosso trabalho.

Primeira providência: Coligação efetuada com o maior número de partidos políticos da cidade, para que tivéssemos também o maior número de candidatos a vereador, possibilitando um trabalho de cabos eleitorais baratos espalhados pelos bairros. Coligaram-se cinco partidos para eleger o candidato José, todos de direita e centro-direita. Formou-se então a Frente de Resistência Popular (90 candidatos a vereador).

Nosso principal adversário coligou-se com partidos de centro-esquerda e esquerda radical (comunistas), o que para o interior do nordeste ainda é palavrão. Três partidos coligados (28 candidatos a vereador). Existia ainda um terceiro partido (chamaremos de João o candidato a prefeito por este partido), de esquerda, que por não possuir estrutura partidária, não foi levado em consideração, embora para nosso candidato fosse bom, pois a oposição estava dividida. Dois partidos coligados (12 candidatos a vereador).

QUADRO 2

Instituto Piauiense de Opinião Pública Ltda. Pesquisa de opinião: preferência partidária por estrato social. _____ (MA) 16/19 julho 1988.

L/C	A %	B %	C %	D %	E %	TOTAL %
PMDB	30.00	36.36	18.67	16.55	14.19	17.50
PFL	20.00	13.64	18.67	21.38	6.76	15.00
PT	0.00	9.09	5.33	3.45	0.00	2.75
PDC	0.00	0.00	0.00	0.00	0.00	0.00
PDT	0.00	0.00	2.67	2.76	0.68	1.75
PC do B	0.00	0.00	1.33	0.00	0.68	0.50
PCB	0.00	0.00	0.00	0.00	0.00	0.00
PTB	0.00	0.00	0.00	0.00	0.00	0.00
PDS	0.00	0.00	5.33	0.00	2.70	2.00
PL	10.00	4.55	2.67	0.69	0.00	1.25
NENHUM	40.00	22.73	29.33	31.72	31.76	31.00
OUTROS	0.00	4.55	0.00	0.00	0.00	0.25
N. SABE/N. OPINA	0.00	9.09	16.00	23.45	43.24	28.00
N. ENTREV.	10.00	22.00	75.00	145.00	148.00	400.00

Fonte: Pesquisa direta.

Pergunta: Hoje, qual é o partido político da sua preferência?

Segunda providência: Por termos uma emissora de TV, montamos um estúdio exclusivo para o programa eleitoral, que ficaria à disposição 24 horas por dia, além de termos adquirido novos equipamentos com a economia feita por não contratarmos uma produtora.

— Nosso adversário Pedro teve de contratar uma produtora e dispunha apenas de duas horas de gravação diária, além de uma hora para edição do programa.

— O terceiro partido (João) fazia os programas ao vivo (insustentável).

Nosso tempo de televisão era de 28 minutos por período, o de Pedro 18 minutos e o de João, 14 minutos por período.

Neste caso, a maior minutagem a nosso favor era desvantagem, pois o candidato era um péssimo comunicador.

Designamos três candidatos a vereador, que tinham alguma técnica de comunicação, para falarem em nome do candidato a prefeito.

Terceira providência: Designamos um acessor de imprensa para municiar de informações os jornais impressos.

A partir disto, começamos a campanha.

A pesquisa de intenção de voto nos demonstrava uma boa vantagem em relação aos segundo colocado, isto no mês de julho (de 1988).

QUADRO 3

Instituto Piauiense de Opinião Pública Ltda. Pesquisa de opinião: intenção de voto por classe social. _____ (MA) 17/19 julho 1988.

L/C	A	B	C	D	E	TOTAL
JOÃO	10.00	13.64	12.00	4.83	4.73	6.75
PEDRO	40.00	45.45	22.67	32.41	32.43	31.50
JOSÉ	30.00	31.82	42.67	48.28	39.86	42.75
NENHUM DESTES	10.00	0.00	12.00	5.52	5.41	6.50
N. SABE/N. OPINA	10.00	9.09	10.67	8.97	17.57	12.50
TOTAL	10.00	22.00	75.00	145.00	148.00	400.00

Fonte: Pesquisa direta.

> Pergunta: Se a eleição para prefeito de _____ fosse hoje e fossem estes os candidatos, em qual o(a) sr.(a) gostaria de votar?

Constatado este fato, passamos a nos posicionar no "alto do morro", e não lançamos ataques, apenas nos defendemos "quando vimos o branco dos olhos do adversário". Começamos a concentrar forças nos pontos decisivos. Lançamos toda a nossa artilharia (propaganda massificante) na periferia da cidade, que era o ponto (detectado pelas pesquisas) de maior aceitação de nosso candidato (alguns bairros, conforme demonstra o Quadro 4).

Como digo no capítulo "Estratégia Inicial", o trabalho deve começar onde temos maior apoio, aproveitando para fazer decolar a campanha.

A pesquisa nos trazia outro dado fundamental para a campanha: a avaliação da administração municipal por bairro e o po-

QUADRO 4

Instituto Piauiense de Opinião Pública Ltda. Pesquisa de opinião: Nomes merecedores de voto para prefeito por bairro pesquisado. _____(MA)
16/19 Julho 88.

L/C	1 %	2 %	3 %	4 %	5 %	6 %	7 %	8 %	9 %	10 %	TOTAL %
JOÃO	2.42	4.17	0.00	4.35	2.33	0.00	0.00	0.00	22.22	0.00	3.14
PEDRO	8.87	6.25	12.50	10.87	39.53	18.52	3.85	7.41	11.11	14.81	13.37
JOSÉ	25.81	33.33	12.50	10.87	32.56	44.44	23.08	44.44	33.33	18.52	27.88
NINGUÉM	3.23	0.00	0.00	6.52	0.00	0.00	0.00	0.00	3.70	0.00	1.34
N. SABE/N. OPINA	44.35	41.67	50.00	54.35	23.26	18.52	65.38	44.44	25.93	44.44	41.23
CIBA	0.00	2.08	0.00	0.00	0.00	0.00	0.00	0.00	0.00	0.00	0.00
NAPOLEÃO	8.06	10.42	6.25	2.17	0.00	0.00	3.85	3.70	0.00	18.52	5.00
HELVECIO	0.81	0.00	0.00	0.00	0.00	0.00	0.00	0.00	0.00	0.00	0.00
LUIS	1.61	0.00	0.00	0.00	2.33	0.00	0.00	0.00	0.00	0.00	0.00
WAGNER	0.81	2.08	0.00	4.35	0.00	3.70	0.00	0.00	3.70	0.00	1.00
ANTONIO	1.61	0.00	3.13	0.00	0.00	3.70	0.00	0.00	0.00	3.70	1.00
NETO	0.81	0.00	0.00	0.00	0.00	0.00	0.00	0.00	0.00	0.00	0.00
GONZAGA	0.81	0.00	3.13	2.17	0.00	11.11	0.00	0.00	0.00	0.00	1.00
ELIEZIO	0.81	0.00	0.00	0.00	0.00	0.00	0.00	0.00	0.00	0.00	0.00
LINDOMAR	0.00	0.00	0.00	2.17	0.00	0.00	0.00	0.00	0.00	0.00	0.00
BATISTA	0.00	0.00	12.50	2.17	0.00	0.00	0.00	0.00	0.00	0.00	1.00
RAIMUNDINHA	0.00	0.00	0.00	0.00	0.00	0.00	3.85	0.00	0.00	0.00	0.00
N. ENTREV.	95.00	48.00	35.00	42.00	45.00	27.00	27.00	27.00	27.00	27.00	400.00

Fonte: Pesquisa direta.

Pergunta: Cite um nome de político ou pessoa que hoje o(a) sr.(a) considera merecedor do seu voto para prefeito de _____
1- P. Piauí; 2- S. Benedito; 3- P. Alvorada; 4- P. União; 5- Centro; 6- S. Antonio; 7- S. Francisco; 8- Formosa; 9- B. Vista; 10- S. Marcos.

tencial de transferência de votos do atual prefeito para o nosso candidato.

Recorremos novamente à pesquisa para detectar os anseios e desejos da comunidade em cada bairro.

A partir disto, e após o trabalho da artilharia, disparamos a infantaria (corpo a corpo), direcionando ações e mensagens derivadas dos anseios de cada bairro.

Iniciamos o processo de flanqueamento contra a campanha adversária, na sua maior pilastra de sustentação, ou seja, o governo estadual.

Enquanto isto, o adversário impetrava um ataque frontal, tentando abalar a posição de nosso candidato. Mas, como estava embaixo do morro, era rechaçado a cada tentativa.

QUADRO 5

Instituto Piauiense de Opinião Pública Ltda. Pesquisa de opinião: avaliação da administração municipal por bairro pesquisado. _____ (MA) 16/19 Julho 1988.

L/C	1 %	2 %	3 %	4 %	5 %	6 %	7 %	8 %	9 %	10 %	TOTAL %
ÓTIMO	17.74	25.00	18.75	10.87	18.60	14.81	7.69	14.81	3.70	14.81	15.93
BOM	40.32	45.83	34.38	30.43	34.88	55.56	38.46	40.74	29.63	33.33	38.64
REGULAR	35.48	16.67	31.25	50.00	27.91	18.52	23.08	44.44	55.56	33.33	33.72
RUIM	1.61	4.17	6.25	4.35	2.33	0.00	3.85	0.00	0.00	7.41	2.81
PÉSSIMO	0.81	8.33	0.00	4.35	13.95	3.70	15.38	0.00	11.11	3.70	5.15
N. SABE/N. OPINA	4.03	0.00	9.38	0.00	2.33	7.41	11.54	0.00	0.00	7.41	3.75
N. ENTREV.	95.00	48.00	35.00	42.00	45.00	27.00	27.00	27.00	27.00	27.00	400.00

Fonte: Pesquisa direta.

> Pergunta: Na sua opinião, até o momento, o(a) sr.(a) avalia o desempenho da administração do prefeito _____ como sendo: ótima, boa, regular, ou péssima?
> 1-P. Piauí; 2-S. Benedito; 3-P. Alvorada; 4-P. União; 5-Centro
> 6-S. Antonio; 7-S. Francisco; 8-Formosa; 9-C. B. Vista 10-S. Marcos.

QUADRO 6

Instituto Piauiense de Opinião Pública Ltda. Pesquisa de Opinião: potencial transferência de voto atual prefeito, por idade. _____ (MA) 16/19 julho 1988.

L/C	18-24 %	25-3536 %	e + %	TOTAL
SIM	53.97	48.32	51.06	50.50
NÃO	28.57	27.52	21.81	25.00
DEPENDE	12.70	15.44	15.96	15.25
N. SABE/N. OPINA	4.76	8.72	11.17	9.25
TOTAL	63.00	149.00	188.00	400.00

> Pergunta: Se a eleição municipal fosse hoje, o(a) sr.(a) votaria em um candidato apoiado pelo prefeito?

QUADRO 7

Instituto Piauiense de Opinião Pública Ltda. Pesquisa de opinião: principais críticas à administração municipal. _____ (MA) 16/19 julho de 1988.

L/C	1 %	2 %	3 %	4 %	5 %	6 %	7 %	8 %	9 %	10 %	TOTAL %
SEGURANÇA	4.84	4.17	0.00	4.35	0.00	0.00	0.00	7.41	3.70	18.52	4.29
DESEMPREGO	0.00	2.08	0.00	0.00	0.00	0.00	0.00	0.00	11.11	0.00	0.90
TRANSPORTE	1.61	0.00	6.25	2.17	0.00	0.00	0.00	0.00	3.70	7.41	1.80
SANEAMENTO	0.81	8.33	0.00	0.00	9.30	0.00	0.00	3.70	3.70	0.00	2.50
PAVIMENTAÇÃO	3.23	12.50	21.88	28.26	6.98	0.00	15.38	7.41	14.81	7.41	10.50
EDUCAÇÃO	2.42	2.08	0.00	0.00	2.33	3.70	0.00	3.70	0.00	0.00	1.60
SAÚDE	0.00	4.17	6.25	0.00	2.33	11.11	3.85	0.00	0.00	0.00	2.10
ILUM. PÚBLICA	10.48	4.17	12.50	6.52	4.65	11.11	11.54	3.70	3.70	11.11	8.20
TRÂNSITO	0.00	0.00	0.00	0.00	0.00	0.00	0.00	0.00	3.70	0.00	0.20
ESPORTE/LAZER	0.81	0.00	0.00	0.00	0.00	0.00	0.00	0.00	0.00	0.00	0.20
HABITAÇÃO	0.00	2.08	0.00	0.00	0.00	0.00	3.85	0.00	3.70	0.00	0.70
ABAST. DE ÁGUA	4.84	8.33	3.13	4.35	0.00	0.00	3.85	3.70	0.00	14.81	4.40
CUSTO DE VIDA	0.81	4.17	3.13	0.00	4.65	0.00	3.85	3.70	0.00	0.00	1.80
LIMP. PÚBLICA	14.52	6.25	6.25	8.70	20.93	33.33	11.54	7.41	7.41	0.00	12.10
OUTROS	5.65	2.08	6.25	0.00	2.33	0.00	0.00	7.41	7.41	11.11	4.22
NENHUM	42.74	29.17	21.88	28.26	34.88	33.33	38.46	37.04	3.70	29.63	32.70
N. SABE/N. OPINA	7.26	10.42	9.38	17.39	6.98	7.41	7.69	14.81	33.33	0.00	10.50
MA UTIL. R. PUB.	0.00	0.00	0.00	0.00	2.33	0.00	0.00	0.00	0.00	0.00	0.20
BAIXO SAL. FUNC. PÚB.	0.00	0.00	3.13	0.00	2.33	0.00	0.00	0.00	0.00	0.00	0.40
N. TOTAL	95.00	48.00	35.00	42.00	45.00	27.00	27.00	27.00	27.00	27.00	400.00

Fonte: Pesquisa direta.

Pergunta: Hoje, qual a principal crítica (reclamação) que o(a) sr.(a) faria para a prefeitura municipal de _____.
1- P. Piauí; 2- S. Benedito; 3- P. Alvorada; 4- P. União; 5- Centro; 6- S. Antonio; 7- S. Francisco; 8- Formosa; 9- C. B. Vista; 10- S. Marcos.

Montamos uma trincheira em torno do candidato, com o mote *honestidade*, que era o primeiro tópico que aparecia nas pesquisas de candidato ideal, e nos posicionamos atrás, com as forças concentradas.

Resumindo:

Estávamos no alto do morro — Maioria das intenções de votos.

Flanqueávamos — Ataques ao governo estadual e não ao candidato oponente.

Bombardeio de artilharia — Nos bairros que nos davam maior apoio.

Entrada da infantaria — Após o bombardeio da artilharia e

com subsídios que (como diz o Sérgio "Arapa") falavam ao bolso do eleitor.

Trincheiras — Entricheiramos nosso candidato através de um mote que despontava como o mais importante nas pesquisas realizadas sobre o perfil do candidato ideal.

Trabalhar em uníssono e manter as forças concentradas — Todas as atividades da campanha eram comunicadas a todos, e a estratégia de posicionamento coordenada por poucas pessoas. Concentramos esforços nos locais de maior receptividade ao candidato.

COMEÇA O JOGO

Tínhamos de definir uma estratégia de jogo. Não poderíamos ser surpreendidos por um ataque pesado.

Não deveríamos atacar, pois estávamos no alto do morro e descer para atacar seria suicídio.

Decidimos então pela tática de jogar de igual para igual, aguardando apenas o erro do adversário, pois estávamos ganhando.

Trabalhávamos o tempo todo em cima do erro da campanha adversária, o que nos dava tranqüilidade, pois se o oponente jogava bem, nós também não deixávamos a bola cair e, no afã de marcar pontos, o adversário tinha maior probabilidade de errar.

A seguir, passo a relatar alguns episódios do jogo, ou algumas batalhas desta guerra eleitoral.

A batalha da residência

Como foi colocado, o candidato Pedro não residia na cidade. O primeiro *slogan* criado para a campanha foi: "Quem ama... mora em...".

Ficamos aguardando os erros do adversário dentro deste mote. Não demoraram a acontecer os primeiros.

Em uma de suas declarações, o candidato opositor se referiu às casas mais modestas da periferia como sendo palafitas. Imediatamente, colocamos no programa eleitoral a explicação de que palafitas são estacas que sustentam as casas construídas no mangue, e que a cidade — por não ser praiana — não comportaria tais residências.

O segundo erro, que também foi por nós aproveitado, foi o nome de uma das escolas municipais, que o candidato opositor trocou. Chamava-se a escola "Firmo Pedreira", e o deputado a chamou de "Martins Pedreira". O outro erro foi mais grave. O deputado dissera ter feito um requerimento à Caema solicitando água para a cidade, quando quem cuida deste serviço é a Fundação Cesp.

Com estes três erros, destacamos o desconhecimento que o deputado tinha das coisas da cidade e, conseqüentemente, sua inabilidade para lidar com os problemas municipais.

A batalha dos impostos

A cidade não possui um sistema tributário para os pequenos comerciantes. O candidato Pedro (deputado), numa de suas declarações durante o programa do TRE na TV, dissera que iria industrializar a cidade e que iria tributar todo o comércio existente. Este erro foi detectado e utilizado nos programas do candidato José, fazendo-se enquetes com pequenos comerciantes da cidade. Foi-lhes perguntado se eles poderiam suportar qualquer tipo de imposto. Obviamente, a maioria das respostas foi negativa, denotando assim que a política tributária até então existente, que isentava de imposto os pequenos comerciantes, ainda era uma das bandeiras que deveria ser erguida por nosso candidato.

A batalha das crianças

No dia das crianças (12 de outubro), o candidato Pedro colocou no ar imagens de crianças em meio ao lixo, com doenças, magras e em condições de moradias subumanas. Falou ele na desgraça, na fome, na miséria que estavam assolando a cidade. Lembrando da campanha de Nixon e Kennedy, quando Nixon falou do fim do americanismo, do risco de alta inflação e dos problemas dos Estados Unidos, enquanto Kennedy falava de fartura, felicidade, na continuação do sonho americano, foi feito um *clip* eletrônico com crianças das escolas municipais comemorando o seu dia, brincando, comendo bolo, tomando refrigerante e dançando.

Qual das duas declarações ou exposições agradou mais a quem estava vendo televisão? É óbvio que se almeja sempre o melhor, e foi o que prevaleceu.

A batalha das caravanas

A assessoria do candidato Pedro resolveu promover uma carreata pela cidade. Para isto, contratou um dos seus candidatos a vereador para que fornecesse o combustível, já que era proprietário de um posto de gasolina.

A carreata contou aproximadamente com 60 carros.

Como foi exposto, estávamos jogando com o erro do adversário, e, por isto, resolvemos promover nossa carreata. Organizamos nossa carreata, e fomos para a rua.

No dia seguinte, o candidato opositor colocou em seu programa do TRE que nossa caravana tinha mais de 400 carros.

Automaticamente, copiamos esta declaração e colocamos no ar imagens das duas caravanas. A expressão usada pelo candidato opositor — "Eu via mais de 400 carros" — foi repetida por três vezes, mediante recursos eletrônicos. Com um texto condizente com a situação criada pelo opositor, destacamos a quantidade de veículos participando de nossa caravana, enfatizando o apoio da comunidade ao nosso candidato.

*

Claro que muitas outras batalhas foram travadas nesta campanha, mas destaquei estas apenas com finalidade ilustrativa.

E qual foi o resultado de todo este trabalho?

A seguir, demonstro em gráfico toda a oscilação existente durante a campanha e o resultado final. E este foi o resultado das pesquisas e das eleições.

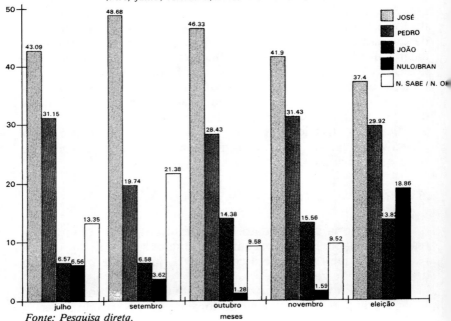

Instituto Piauiense de Opinião Pública. Pesquisa de opinião: intenção voto prefeito. (MA) julho, setembro, outubro e novembro 1988.

Fonte: Pesquisa direta.

17. PESQUISAS

A pesquisa é a principal ferramenta utilizada para se montar uma estratégia.

As pesquisas não se prestam apenas a indicar "quem está na frente" na corrida eleitoral, este é apenas um dos pontos detectados por elas. As informações prestadas por uma pesquisa servem para direcionar todas as estratégias da campanha.

Uma boa pesquisa deve ser efetuada por profissionais que, a partir de objetivos anteriormente traçados, efetuem um questionário capaz de orientar o caminho a ser percorrido para se alcançar este objetivo.

Em uma pesquisa podemos ter todo perfil do eleitorado ou apenas parte, dependendo do que estamos procurando. O importante é que o questionário seja muito bem elaborado para que não tenhamos dúvidas nas respostas adquiridas e nem tendenciem pela abordagem.

Uma pesquisa bem elaborada, com perguntas objetivas, norteará a campanha corretamente, enquanto se contratarmos aventureiros nesta área, a maioria das vezes com custos mais baixos, poderemos efetuar uma estratégia completamente oposta ao nosso objetivo.

Citemos como exemplo o uso do discurso de Tancredo Neves que, na campanha de Fernando Henrique Cardoso para a Prefeitura de São Paulo, foi utilizado nos carros de som. A maioria das pessoas que o ouviam ficavam estarrecidas, a ponto de solicitarem aos motoristas dos carros de som que deixassem os mortos em paz.

Esta estratégia foi utilizada calcada na opinião de meia dúzia de brilhantes assessores que, se efetuassem uma pesquisa interna entre militantes do partido, teriam sentido na maioria das opiniões que a lembrança dos dias e noites de agonia, por qual todos passaram, era coisa para ser esquecida e não martelada dia e noite nos ouvidos da população. Este tipo de pesquisa interna é efetuada sem custos e norteia a estratégia calcada em um maior universo.

Como lição do ocorrido, podemos tirar o seguinte conceito:

"Toda estratégia utilizada em campanha eleitoral deve ser impetrada com um estudo prévio da reação desencadeada por ela e, no caso de falta de base, deverá ser solicitada uma pesquisa para orientação".

Conhecimento prévio à reação sem utilização da pesquisa, só em caso de profissionais de *marketing* político com larga experiência no ramo, que mesmo assim não são infalíveis, e que no Brasil não perfazem mais que uma dúzia, obrigando a maioria dos candidatos e seus assessores a basearem suas estratégias em pesquisas efetuadas.

Em pesquisa de opinião pública, o trabalho de tabular os dados e fazer os devidos cruzamentos são parte da rotina de trabalho dos órgãos de pesquisa, mas a tarefa de maior responsabilidade cabe ao analista, que vai interpretar as informações e avaliar sua abrangência e aplicação. Cito como exemplo o ocorrido com Ney Lima Figueiredo, conforme consta em seu livro *Marketing Político, Direto ao Poder*, ao analisar uma pesquisa efetuada em Florianópolis para ser utilizada na estratégia eleitoral de determinado candidato: jogou-a fora, pois esta cidade é majoritariamente habitada por funcionários públicos, e as pesquisas efetuadas nos domicílios davam uma posição, enquanto as efetuadas nas ruas da cidade posicionavam-se completamente opostas. Se quem fizesse esta análise não tivesse sensibilidade e experiência suficiente para perceber isto, fatalmente a estratégia utilizada na campanha teria sido outra, e o resultado das eleições, grandes possibilidades de ser o inverso do que foi.

A maioria das perguntas efetuadas nos capítulos "Avaliação" e "Planejamento" pode ser facilmente respondida através de pesquisas direcionadas neste sentido.

Através de pesquisa efetuada em um grande Estado brasileiro, demonstro quantas informações podem ser extraídas através de um questionário bem montado:

ANTEPROJETO DE PESQUISA

I) *Justificativa*

Ainda é rara a atividade de pesquisa voltada para a identificação dos verdadeiros anseios e aspirações da comunidade. Face a isso, nem sempre o discurso dos políticos e autoridades públicas é coerente com os desejos de largos segmentos da sociedade. A conseqüência mais freqüente dessa distância é o investimento em aspectos que não têm grande poder de mobilização da população e, dessa forma, o desvio de recursos que poderiam determinar maior grau de participação e engajamento da comunidade nos projetos governamentais.

Disso decorre a necessidade de melhor se conhecer os anseios, aspirações e reivindicações populares como forma de orientar o trabalho desenvolvido pelas diversas agências governamentais.

II) *Objetivo*

Pretende-se oferecer ao candidato informações relativas às aspirações, desejos e reivindicações da comunidade de diversos bairros, a partir da manifestação dos próprios membros da comunidade, dispensando-se a intermediação natural efetivada pelos representantes políticos nos diversos níveis do poder constituído.

III) *Metodologia*

Deverá ser utilizada a metodologia recomendada em pesquisa social, com os seguintes procedimentos:

iii.1) elaboração, teste e aplicação de questionários e respondentes selecionados nos diversos bairros, segundo a técnica de amostragem;

iii.2) escolha de amostra representativa dos diversos bairros segundo o critério do sorteio, com base nos registros oficiais do IBGE;

iii.3) seleção de ruas e residências que representarão os bairros, também segundo o critério de sorteio;

iii.4) aplicação dos questionários através de equipes de pesquisadores de campo devidamente treinados e submetidos a supervisão direta;

iii.5) após revisão dos questionários, tabulação dos dados, tabelas que permitam o cruzamento das respostas;

iii.6) interpretação dos dados e elaboração do relatório final.

IV) *Calendário*

iv.1) elaboração do questionário —	dias
iv.2) seleção da amostra —	dias
iv.3) seleção dos pesquisadores —	dias
iv.4) treinamento dos pesquisadores —	dias
iv.5) teste dos questionários —	dias
iv.6) correção dos questionários —	dias
iv.7) aplicação dos questionários —	dias

V) *Equipe*

v.1) Coordenador Geral —
v.2) Supervisores de Campo —
v.3) Pesquisadores —
v.4) Revisores/Tabuladores —
v.5) Datilógrafos —
v.6) Redatores —

VI) *Recursos necessários*

vi.1) Serviços Técnicos —	Cz$
vi.2) Materiais —	
a) papel 24 kg —	resmas
b) papel milimetrado —	folhas
c) estêncil eletrônico —	folhas
d) pastas com elástico —	unidades
e) esferográficas —	unidades
f) borrachas —	unidades
g) grampeador —	unidades
h) pastas A/Z —	unidades
i) calculadoras —	unidades
j) máquina datilográfica —	unidades
vi.3) Auxílio Transporte —	Cz$
vi.4) Reserva Técnica (10%) —	Cz$
TOTAL de recursos financeiros —	Cz$

VII) *Administração do projeto*

O projeto deverá ser administrado diretamente. A ele caberá constituir a equipe técnica e receber os recursos financeiros repassados, deles prestando contas com a apresentação de relatórios parciais e finais.

Os recursos a serem repassados deverão constituir uma só parcela, transferida ao órgão executor na ocasião da assinatura do contrato respectivo.

A equipe técnica não manterá qualquer vínculo de natureza trabalhista.

Os recursos materiais de que o órgão executor já dispõe poderão ser cedidos à equipe técnica para a realização da pesquisa, desde que as necessidades de serviço não o impeçam de fazê-lo.

Questionário de pesquisa

Título: Anseios e aspirações da comunidade — suas tendências ao escolher representantes
Campo I — Dados sobre o respondente.
1) *Residência:*..
                     Rua   N°   Bairro
2) *Número de cômodos da casa:* ....
3) *Bens que possui:*   carro   TV   videocassete
                                som   bicicleta   ar-condicionado
                                rádio   enceradeira   telefone
                                freezer   ventilador   geladeira
                                moto   liquidificador

4) N? de filhos: .... Idades. ....,.........,.........,.........,.........,.........,.........
5) Tem empreso? Sim   Onde? ....
            Não   Desde quando? ..../ ..../ ....
6) Renda mensal familiar: Cz$
7) Contribui para a renda: .... pessoas
8) Setor do emprego: Primário   Público
                    Secundário Privado
                    Terciário

Campo II — Problemas da Comunidade
1) Qual destes considera os mais graves (escolher 5 por ordem de prioridade):
   a) custo de vida
   b) segurança
   c) abastecimento
   d) transportes
   e) saneamento
   f) assistência à saúde
   g) escola
      outros (citar)...
      ....

2) Considera que seu bairro é servido nos setores de
                     M.B.   B.   Raz.   Insuf.   Sof.   Inex.
   saúde
   saneamento
   segurança
   abastecimento
   educação
   transporte
   habitação
   obras

Campo III — Percepção dos Representantes
1) Em quem votou na última eleição para:
   Deputado Federal: ....
   Deputado Estadual: ....
   Vereador:..

2) Está satisfeito com a atuação deles?
                          Por quê? ....
   Sim   com   DE   Por quê? ....
                   V   Por quê? ....
                   DF   Por quê ....
   Não   com   DE   Por quê? ....
                   V   Por quê? ....

3) Votaria no mesmo candidato para (marque S ou N)
   Deputado Federal
   Deputado Estadual
   Vereador

4) Escolhe seus candidatos com base em:
Filiação partidária
Amizade com eles
Pedido de amigos
Crédito na mensagem
Favor devido
Outra razão   Qual? ....

5) Qual o partido de sua preferência? ....
Por quê? ....

6) Destes políticos, qual o que considera mais merecedor de seu voto, por ordem de preferência?

7) Hoje, em quem você votaria para:
Senador: ....
Deputado Federal: ....
Deputado Estadual: ....
Governador: ....

    Pelo questionário apresentado, podemos tirar muitas informações para montar a estratégia da campanha com embasamento.

    Transcrevo abaixo duas palestras sobre pesquisas eleitorais, efetuadas durante o I Ciclo Nacional de Seminários sobre Campanhas Eleitorais, que teve como coordenadora nacional a Polimarket Bureau de Estratégia Logística e Marketing Ltda., sendo a primeira proferida pela sra. Neysa Furgler, diretora do IBOPE e presidente da SBPM (Sociedade Brasileira de Pesquisa de Mercado), e a segunda pelo sr. Tadeu J. Cormelatto, diretor da Perfil Pesquisa, Planejamento e Processamento de Dados Ltda., em Florianópolis, SC.

PESQUISA ELEITORAL — Neyza Furgler

    A pesquisa de opinião pública suscita, em geral, grande interesse e emoção por parte do público, porque trata de assuntos atuais, mede atitudes e opiniões das pessoas sobre temas políticos e sociais e devolve ao público, de modo sistematizado, a informação que ele próprio prestou.

    Em geral, as pesquisas de opinião pública são publicadas, debatidas, discutidas, comparadas, e podem, às vezes, ser apresentadas de maneira tendenciosa ou provocativa.

    Por se tratar de informação, é importante que as pesquisas de opinião pública apresentem resultados exatos e sem viés, fundamentados cientificamente, sem interpretações distorcidas dos fatos. Ou seja, o público, os políticos, os meios de comunicação não podem ser enganados por pesquisas inadequadas ou mal-apresentadas. E, principalmente, os clientes que encomendam pesquisas não devem distorcer seus resultados em benefício próprio.

As pesquisas de opinião dependem basicamente de quatro fatores principais:
- metodologia e técnica
- honestidade e objetividade
- apresentação dos resultados e sua utilização
- experiência na área de opinião pública

Para que o público possa julgar os resultados apresentados, decidir se concorda ou não com conclusões publicadas, algumas informações básicas devem ser apresentadas juntamente com a publicação da pesquisa.

E, também, para que uma atividade seja chamada de pesquisa, é preciso que ela obedeça a alguns pré-requisitos:

1) *Amostragem*

É o meio (ou técnica) pelo qual, entrevistando-se um número relativamente pequeno de pessoas, se chega a um resultado que pode ser projetado para o total da população. Quanto melhor o método de se selecionar a amostra, melhores serão os resultados de uma pesquisa, ou seja, mais próximas do dado real — e, no caso de pesquisa eleitoral, essa comparação da amostra com o universo pode ser realizada praticamente no dia da eleição.

A amostra pode ser selecionada de várias formas:
- probabilística
- quotas
- estratificada
- conglomerados
- estágios múltiplos
- etc. ...

Em geral, mesclam-se as maneiras de se selecionar a amostra.

No caso do IBOPE, por exemplo, em pesquisas estaduais, os dados já existentes, fornecidos pelo IBGE (Instituto Brasileiro de Geografia e Estatística) e pelo TRE (Tribunal Regional Eleitoral) são utilizados para que se estabeleçam as quotas a serem pesquisadas.

Desse modo:

Estado — O IBOPE divide cada Estado em mesorregiões e microrregiões. O TRE fornece a densidade eleitoral de cada município.

Para se selecionar a amostra de municípios que vão compor a pesquisa, ordena-se o Estado da seguinte maneira:
- mesorregiões
- microrregiões
- densidade eleitoral

O sorteio dos municípios é feito pelo processo sistemático, e cada município terá probabilidade de ser sorteado, ou seja, de cair na amostra, proporcional ao seu tamanho (probabilidade proporcional ao tamanho).

A partir do sorteio dos municípios que comporão a amostra, deve-se, então, sortear as pessoas que serão entrevistadas. O IBGE fornece os dados para cada município de:

- *Sexo*
  — Sexo masculino
  — Sexo feminino

- *Idade*
  — 18 a 24 anos
  — 25 a 29 anos
  — 30 a 39 anos
  — 40 a 49 anos
  — 50 anos e +

- *Ramos de atividade*
  — Setor de dependência
    - agricultura
    - indústria de transformação
    - indústria de construção
    - outras indústrias
  — Comércio de mercadorias
  — Transporte e comunicação
  — Prestação de serviços
  — Atividade social
  — Administração pública
  — Inativos
  — Estudantes

- *Posição na ocupação*
  — Empregado
  — Conta própria
  — Patrão

2) *Tamanho da amostra*

É importante que o público conheça não só o número de entrevistas realizadas para o total, como também para que segmento de público (ex.: homens, classe AB, 18 a 24 anos). Ou seja, deve ser claro com qual base se chegou a uma determinada percentagem.

3) *Área geográfica coberta*

A área geográfica coberta na amostra é, também, muito importante como informação para o público.
No caso de pesquisas estaduais, por exemplo, a área coberta pode ser:
— O total do Estado
  • Urbana
  • Rural
— Apenas a região urbana
— Somente o interior
— Somente a região metropolitana
— Somente a capital

4) *Período de realização das entrevistas*

No caso de pesquisas eleitorais, é muito importante conhecer o período em que foi aplicado o questionário, pois fatos novos podem modificar o comportamento do eleitorado.

5) *Coleta de dados*

O pesquisador deve deixar claro, ao cliente e ao público, como conseguiu recolher as informações: se por telefone, em entrevistas pessoais, domiciliares ou na rua etc... Aliado a isso, a forma como foram feitas as perguntas que dão origem aos resultados da pesquisa.

— *Roteiro de questionário*
• Identificação partidária ou por candidato:
  — simpatia por partido
  — partido em que votou
• Voto certo ou indeciso
• Atributos do candidato ideal X Atributos do candidato do entrevistado:
  — Honestidade
  — Capacidade de comunicação
  — Simpatia
  — Inteligência
  — Experiência política
  — Capacidade de trabalho
  — Programa de governo
  — Popularidade
  — Competência

- Apoio do governo/personalidades
- etc. ...

• Expectativa em relação ao novo governo:
- Moralização
- Segurança
- Recursos
- etc. ...

• Clima de opinião:
- Continuísmo
- Mudança
- Indiferença

• Imagem dos candidatos
• Temas de campanha

6) *Margem de erro amostral*

Os resultados e todas as pesquisas são passíveis de variação para mais ou menos. Essa variação deve ser explicitada, principalmente no caso em que os resultados percentuais são muito próximos e as diferenças apresentadas não são significativas.

7) *Análise dos resultados*

Além do que se publica de resultados de pesquisa, deve-se analisar todos os resultados para que a pesquisa possa orientar a campanha. Por exemplo, é muito importante conhecer para que lado pendem os indecisos, para tentar convencê-los a votar: ou conhecer as regiões onde o candidato está mais fraco ou ameaçado por outro e que, portanto, demandam maior esforço de campanha.

PESQUISA ELEITORAL — Tadeu J. Comerlatto

Um dos mais importantes instrumentos decisórios na área de *marketing* é o exato conhecimento do mercado que deverá ser atingido, através da coleta e interpretação sistemática de dados e informações que esgotem as dúvidas sobre o processo em que se insere o trabalho a ser desenvolvido.

Este processo requer uma técnica perfeita, com nuances que variam de um aprofundamento estatístico à sensibilidade das conotações psicológicas. É justamente esta técnica, a Pesquisa de Opinião, o objetivo do nosso trabalho.

O interesse pelos resultados

A pesquisa de opinião desperta em geral grande interesse e emoção, por que trata de assuntos atuais, mede atitudes e opiniões das pessoas sobre temas políticos e sociais e devolve ao público, de modo sistematizado, a informação, que ele próprio prestou.

Por se tratar de informação é importante que as pesquisas de opinião pública apresentem resultados exatos e sem subterfúgios, fundamentados cientificamente, sem interpretações distorcidas. O público, os políticos, os meios de comunicação não podem ser enganados por pesquisas inadequadas ou mal-apresentadas. E, principalmente, os clientes que encomendam pesquisas não podem distorcer seus resultados em benefício próprio.

As pesquisas de opinião pública dependem basicamente de dois fatores fundamentais:
— Metodologia e técnica
— Honestidade e objetividade

Para que uma atividade possa ser chamada de pesquisa, é necessário que ela obedeça a alguns pré-requisitos:

Amostragem

É a aplicação de uma técnica pela qual, entrevistando-se um número relativamente pequeno de pessoas, se chega a um resultado que signifique o pensamento, o desejo ou o anseio do total da população.

Quanto melhor o método de se selecionar a amostra, melhores serão os resultados de uma pesquisa.

A amostra pode ser selecionada de várias formas:
— probabilidade
— por quotas
— estratificada
— por conglomerados
— estágios múltiplos
— outras formas

No caso da "perfil", por exemplo, em pesquisas a nível municipal, os dados "base" já existentes, fornecidos pelo IBGE, pelo TRE, e levantamentos específicos coletados no município, são utilizados para que se estabeleçam as quotas a serem pesquisadas.

Para uma pesquisa a nível estadual é necessário ordenar o Estado em mesorregiões e microrregiões, com a verificação da densidade eleitoral.

O sorteio dos municípios é feito pelo processo sistemático, e ca-

da município terá a mesma probabilidade de ser sorteado, dentre os municípios do seu tamanho.
O IBGE fornece os dados, para cada município, de:

- *Sexo*
  — Sexo masculino
  — Sexo feminino

Idades entre:
— 18 e 24 anos
— 25 e 29 anos
— 30 e 39 anos
— 30 e 49 anos
— 50 anos e acima

Ramos de atividade:
— Agricultura
— Indústria de transformação
— Indústria de construção
— Outras indústrias
— Comércio de mercadorias
— Transporte e comunicação
— Prestação de serviços
— Atividade social
— Administração pública
— Inativos
— Estudantes

Posição na ocupação:
— Empregado
— Conta própria
— Patrão

Tamanho da amostra
É importante que o público conheça não só o número de entrevistas, como também para que segmento de público.

Área geográfica coberta

A área geográfica coberta na amostra é também muito importante como informação para o público. Por exemplo, deve-se indicar se as amostras foram coletadas na área rural ou urbana, se em ambas. Se as amostras foram coletadas apenas na capital, ou se na região metropolitana.

Período da realização das entrevistas

Principalmente em pesquisas eleitorais, é muito importante conhecer o período em que foi aplicado o questionário, pois inúmeros fatores podem modificar o comportamento do eleitorado. E em outras pesquisas também.

Por exemplo: se fosse aplicado um questionário para avaliar o desempenho do presidente da República no dia 27 de fevereiro, o resultado seria muito diferente do que o de um questionário aplicado no dia 1? de março.

Houve um fato no dia 28 de fevereiro que alterou substancialmente o pensamento dos brasileiros com relação ao seu presidente.

Como elaborar um questionário

O questionário deverá ser claro e objetivo. A eficiência do resultado depende basicamente da forma como o questionário é elaborado (mesmo os tolos são capazes de responder quando interrogados, mas poucos são capazes de fazer habilmente uma pergunta). A arte de fazer perguntas implica um verdadeiro estudo psicológico.

Principais precauções

- *Facilitar a memória* — Se perguntarmos a uma senhora qual a cor de luvas que ela prefere, nossa entrevistada, após pensar muito, responderá: depende da estação, da cor do vestido que as luvas vão acompanhar. No entanto, se perguntarmos qual a cor do último par de luvas que ela comprou, ajudá-la-emos a lembrar e a responder.
- *Não obrigar a fazer cálculos* — Se você deseja conhecer o número de lâminas de barbear consumidas durante um ano, não deve perguntar "QUANTAS LÂMINAS CONSOME DURANTE UM ANO". Certamente nosso entrevistado teria dificuldades em lembrar. Basta perguntar quantos dias dura uma lâmina e, daí, fazer os cálculos.
- *Não fazer perguntas embaraçosas* — Se quiséssemos saber, por exemplo, a freqüência com que um indivíduo toma banho, seria ingênuo perguntar: "De quantos em quantos dias você toma banho?" Ou pior: "Você toma banho todos os dias?" As respostas obtidas seriam falsas. Por isso seria necessário "contornar" a pergunta. "Muitos médicos modernos acham que o número excessivo de banhos prejudica a saúde. Que pensa você, e qual sua experiência pessoal?"

- *Não fazer perguntas que já contenham a resposta* — Por exemplo, se perguntarmos: "Vai ao cinema ao menos uma vez por semana?" Muitos responderiam afirmativamente, só por que a pergunta foi colocada de modo a induzir a uma resposta afirmativa.
- *Uso de respostas pré-formuladas* — Em muitos casos surge a dúvida. Respostas pré-formuladas (alternativas) ou questionário em aberto. Os dois sistemas apresentam vantagem e desvantagens. Com alternativas apresentadas, simplifica-se a classificação dos resultados finais, e o aproveitamento é melhor. Todavia, limita-se o entrevistado. É preferível obter a lista das alternativas de respostas possíveis, após ter entrevistado diversas categorias de pessoas. Este teste preliminar ajudará a formulação de uma série de respostas que deverá ser a mais completa possível. Sugere-se que após as alternativas conste a alternativa *outra*, com a especificação desta alternativa. O tipo mais comum de resposta pré-formulada, chamada alternativa, é aquela de sim, não sei, não conheço. Outros tipos são: Ótimo, Bom, Regular, Ruim, Péssimo. Ou ainda: Muito, Suficiente, Pouco, Nada. Ou maior, igual, ou menor. E ainda: nota de 0 a 5 ou de 0 a 10 ou de +5 a -5.
- *Evitar referências emotivas* — Exemplo: Você acha que o candidato a deputado deve ter nascido em sua cidade? Você acha que o candidato a vereador deve ser um operário igual a você? Você é favorável ao incremento da prática de xadrez nas escolas, tal como ocorre nos países comunistas? Mesmo favoráveis, muitas pessoas responderiam negativamente, pela referência feita ao comunismo.
- *Perguntas interessantes* — A título de introdução em um questionário, procuram-se fazer perguntas agradáveis ou sugestivas, que despertem o interesse, mesmo que nada tenham a ver com o assunto que irá tratar. É bom iniciar com perguntas gerais, e ir passando para as particulares. Estas também são chamadas de perguntas anestésicas.
- *Perguntas de controle* — É oportuno incluir alguma pergunta que possa controlar a veracidade das respostas. Pode-se perguntar, por exemplo, se foi vista a propaganda de determinado candidato: A) Pelo rádio? B) Pelo jornal? C) Pela televisão? D) Em *outdoors*? Se um grande número responder em *outdoors*, e o candidato nunca tiver feito propaganda por este veículo, haverá razão para se duvidar da veracidade do resultado da pesquisa. Não só no que se refere àquela pergunta, mas às outras também.
- *Como saber se o pesquisador está sendo honesto* — A coleta de amostras é fator decisivo numa pesquisa. Há necessidade de confiança no pesquisador. Quando ele é contratado apenas para uma

tarefa, dificilmente ele terá o interesse necessário. Ele precisa ser selecionado, treinado e acompanhado em seu trabalho. Há necessidade da conscientização, sem que haja envolvimento sentimental no trabalho que ele está desenvolvendo. A tabulação das amostras por pesquisador, e posterior comparação entre as amostras de cada um, tem sido um fator muito eficiente no controle da qualidade do levantamento dos dados

Análise dos resultados

Seria difícil analisar o resultado de uma pesquisa para verificar os principais problemas de Florianópolis e apresentar sugestões, se nós tivéssemos apenas a relação dos principais problemas, em ordem crescente, mas do município como um todo. Todavia, se tivermos relatórios emitidos por bairros, por faixa etária, por profissão, por sexo, a análise passa a ser simplificada. O computador, na tabulação dos dados, dá um aproveitamento total, desde que o cruzamento dos questionários tabulados seja feito de forma eficiente.

Numa pesquisa política, é muito importante saber para que lado pendem os indecisos, através de perguntas auxiliares, ou descobrir em que bairro ou região determinado candidato está mais forte ou mais fraco.

Margem de erro das amostras

Os resultados das pesquisas são passíveis de variações para mais ou para menos. Tecnicamente, admite-se uma margem de erro de 3% para mais e 3% para menos, o que representaria até 6%. Na quebra de relatórios, ou seja, a segmentação da pesquisa por bairro, idade, sexo, profissão etc., a margem poderá ser maior, pois ali diminuem as quantidades de amostras tabuladas. Se dentro de um bairro desejarmos segmentar ainda a classe social, a margem de erro poderá crescer. Todavia, a tendência para orientação a um trabalho político permanece, com grande valia, na hora das decisões.

18. O *MARKETING* POLÍTICO PÓS-ELEITORAL

É muito bom ganhar eleições. Mas será que basta? Se quisermos realmente fazer uma carreira política que não tenha duração de uma gestão, devemos ter em mente que o trabalho pós-eleitoral é tão ou mais importante que a própria eleição. Quantos candidatos, após eleitos, não conseguiram seguir na carreira política por ficarem trancados em seus escritórios da Câmara ou Assembléia, ou ainda os majoritários que não se preocuparam com a divulgação dos seus feitos e a atenção devida ao seu eleitorado? Muitos, eu garanto.

O trabalho pós-eleitoral é fundamental para que se consolide o posicionamento político do candidato. Para isto, devemos utilizar a estratégia e contar com uma boa assessoria de comunicação e imprensa para destacar as atividades, além de procurarmos estar sempre próximos do segmento-base.

Cito aqui alguns exemplos, sem dar nomes, visto que quem os conhece saberá de quem se trata.

1º) Deputado Federal — Estratégia pós-eleitoral: prestigiar ensaios de escolas de samba que lhe dão respaldo eleitoral, sair como destaque nos desfiles, freqüentar a casa das lideranças dos bairros, colaborar nas festas e nos eventos promovidos por classes operárias, bairros, igrejas etc. Enviar cumprimentos por aniversário (quando não pessoalmente), Natal, ano-novo, casamentos, batizados etc.

2º) Deputado Estadual — Estratégia pós-eleitoral: profissão: médico. Visitar regularmente a periferia e o interior, consultando graciosamente elementos que formam seu segmento, fornecendo amostras grátis de remédios e ajudando em caso de necessidade de compra de medicamento.

Estes são apenas dois exemplos de estratégia que podem ser usados, lembrando sempre que cada deputado, prefeito, vereador, governador e senador tem suas características próprias, o que demanda estratégias pós-eleitorais diferenciadas para cada um deles.

Aplicando o *marketing* político durante o seu mandato, os políticos garantem uma reeleição bem mais barata e tranqüila, consolidando ainda o seu respaldo popular, o que serve para aumentar a sua influência e a possibilidade de postular níveis mais altos nas próximas eleições.

Colocamos aqui um projeto desenvolvido por um governador com mandato-tampão, que gostaria de fazer uma gestão marcante para uso futuro.

SUGESTÃO DO *SLOGAN*

"Amor à Terra é Isto"

Slogan calcado no regionalismo que todas as pessoas gostam de evidenciar, deixando clara a posição do governador perante as dificuldades existentes no cargo ao qual foi designado, e com que força irá desenvolvê-lo no curto período de dez meses. É evidente que neste pouco tempo de mandato, a maioria de suas obrigações será inaugurar obras e dar andamento aos projetos deixados pelo seu antecessor, o que não o obriga a cair no ostracismo.

O *slogan* proposto visa a uniformizar a mensagem do governador ao povo da forma mais evidente possível, pois, pela própria abrangência da frase, facilitaria a comunicação dos fatos à população. Ex.: inauguração de obras.

Peça *outdoor* ou placa colocada externamente com os dizeres: *"Amor à Terra é Isto"*.

Este tipo de mensagem seria usado nas veiculações de todas as obras, serviços e informações do governo.

Dentro deste conceito, sugerimos um programa de governo que seja ao mesmo tempo viável e marcante, pois a avaliação de um governo não se faz com pequenas obras e só com obras que, embora não sejam faraônicas, repercutam em toda a população de forma a fixar uma boa imagem do governo, através do benefício causado por sua ação em cada indivíduo, ou seja, quanto mais abrangente o projeto, melhor.

PROJETO "ÁGUA SAUDÁVEL + FLÚOR"

Consiste em reformular o tratamento da água fornecida atualmente ao povo, de forma que este fornecimento se dê em condições qualitativas, o suficiente para se adquirir credibilidade junto à população. O levantamento de custos e a viabilidade devem ser efetuados pelas secretarias e departamentos aos quais o sistema de abastecimento de água esteja vinculado. A colocação de fluoretos na água fornecida deve-se ao grande índice de infecções dentárias na população infantil. Repercutirá em dois anseios básicos da população: aumento da qualidade da água fornecida e prevenção das cáries.

Defesa — projeto de máxima abrangência, pois visa melhorar a qualidade da água, ao mesmo tempo que coloca fluoretos para amenizar o problema dentário das crianças. Projeto inatacável pela sua posição na área de saúde e reclamos da comunidade e imprensa, pela falta de qualidade da água oferecida pelo Estado e pelo alto índice de enfermidades dentárias na população, principalmente infantil. O apelo da campanha fica de fácil configuração e penetração em todas as camadas sociais.

Ataque — O custo de implementação deste projeto com novas técnicas/máquinas poderá ser oneroso a ponto de inviabilizá-lo; porém vale o estudo, levando-se em consideração que governos de outros Estados já o implantaram e poderiam fornecer *know-how* necessário para um estudo preliminar (São Paulo, SABESP). Pode-se iniciar na capital e no bolsão.

Obs.: A diminuição da incidência de cáries no Estado de São Paulo, após a aplicação de flúor na água, é de 65%.

Desenvolvimento

1) Pesquisa: contatar com jornal local para que seja feita pesquisa junto à população, sobre o descontentamento com relação à qualidade da água e incidência de enfermidades dentárias. Esta pesquisa terá que ser encomendada a um jornal, e levada de forma a transparecer a preocupação do governo com o assunto. Após a pesquisa e devida divulgação, o governo tomará as providências necessárias ao segundo passo.

2) Análise da água: análise encomendada ao Instituto Adolfo Lutz sobre a qualidade da água fornecida à população. Este passo merecerá destaque na imprensa.

3) Deflagrar campanha sobre as obras iniciadas para melhorar a qualidade da água, salientando a adição de flúor e os benefícios inerentes a esta ação.

4) Inauguração do novo sistema de abastecimento de água fluoretada.

Campanha

1) Campanha apenas com matérias jornalísticas em mídia impressa e eletrônica especializada.
2) Lançar comunicado à imprensa sobre a solicitação de análise da água e atrelar ao resultado que a água, embora potável, é de pouca transparência e sabor desagradável.
3) Campanha abrangente utilizando-se todos os veículos de comunicação, destacando-se a importância da obra iniciada.
4) Campanha abrangente de cunho informativo/promocional do projeto concluído.

"Modus operandi" na campanha

1) Através do assessor de imprensa do palácio do governo, detectar o jornal de maior penetração no Estado e solicitar a colaboração no início do projeto, veiculando o problema existente em forma de matéria e pesquisa encomendada, retratando a preocupação do governo com o assunto. (Entrevistas com membros do Conselho Odontológico e médicos sanitaristas.)
2) Através de análise da água, o assessor de imprensa convocará toda a imprensa para um comunicado, onde transpareça a posição governamental de que, embora a água fornecida à população seja potável, não está dentro do padrão de qualidade recomendável, e por isto o governo dará prioridade a esta obra, adicionando ainda o flúor que irá minimizar as enfermidades dentárias nas crianças do Estado.
3) Campanha uniforme em todos os veículos de divulgação, levando o *slogan* proposto — "Amor à Terra é Isto" — na finalização de toda a mensagem levada pelas diversas mídias utilizadas, informando o início das obras. Contatar representantes do Conselho Odontológico do Estado para falar sobre as vantagens do flúor, e do Conselho de Medicina, para as vantagens da água saudável.
4) Inauguração do projeto: utilização dos meios de comunicação, levando a informação do início de uma nova era no Estado, onde a preocupação do governo começa na prevenção e não só na correção, entendendo-se, por isso, que a água com melhor qualidade previne o surgimento de doenças e que o flúor adicionado à água previne as infecções dentárias (cáries).

PROJETO "INFÂNCIA É SAÚDE"

Consiste na colocação de postos de saúde volantes, colocados em *trailers* ou ônibus que se deslocam a locais predeterminados nos municípios. Os postos de saúde volantes serão compostos de gabinete dentário e um médico, que prestará assistência às crianças carentes, de forma a efetuar uma ação corretiva na área de saúde. É um projeto simpático a toda a população do Estado, que colocaria o governador em destaque através da ação impetrada, pois, após a gestão, o governo seguinte teria que manter o programa, manter o nome de quem o impôs e, no caso de retirar o programa, correr o risco de cair na antipatia da população.

Defesa — Projeto de máxima abrangência, pois visa a ação corretiva na área de saúde dos problemas já existentes com as crianças do Estado. Este projeto consiste na criação de postos de saúde ambulantes, onde as crianças encontrariam um médico e um dentista para o atendimento *in loco*. A criação destes postos de saúde seria mensurável de acordo com a população/território de cada município.

Projeto de assimilação imediata, podendo a campanha de divulgação atrelar-se à do projeto "Água Saudável + Flúor", onde conotaria o cerco fechado que o governo implantará na área da saúde, impetrando ações preventivas e corretivas.

Ataque — Projeto oneroso, pois depende, além da frota e sua manutenção, da contratação de profissionais e compra de equipamentos para a implantação, embora exista a viabilidade de convênios com faculdades de medicina e odontologia do Estado para o fornecimento de estudantes no nível de estágio. Sem esta ponderação, o projeto se torna inatacável, pois na área de saúde os projetos, quando bem-feitos, tendem a dinamizar e difundir a imagem do governo. Atentar apenas para o fato de que os postos volantes tenham condições de fornecer medicações básicas ou orientar onde buscá-las sem ônus.

Desenvolvimento

Por ser de implantação imediata, a divulgação deve se utilizar de todos os meios de comunicação existentes logo que deflagrado o projeto (compra dos ônibus, admissão dos médicos e dentistas ou convênio firmado com faculdades ou universidades de medicina). Utilizar comunicados em jornais, sobre os locais onde estarão os postos a cada dia, e não direcioná-los apenas às crianças que estudam, pois a população não deve ser segmentada. Os *outdoors* e os outros veículos utilizados na divulgação levarão sempre em sua finalização o *slogan*: "Amor à Terra é Isto".

Campanha

Dar ênfase à realização de ação preventiva/corretiva do governo através das mídias disponíveis no Estado. Iniciar a campanha com a apresentação do projeto à imprensa, substanciada em declarações das associações médicas e odontológicas do Estado. Num segundo momento, lançar a campanha de apresentação dos postos volantes à imprensa/população, contando com a presença do governador e autoridades locais.

"Modus operandi" na campanha

A divulgação dos locais onde se encontrarão os postos de saúde volantes é de importância vital para o sucesso do projeto. Por isto, sem mesurar recursos, faríamos com que esta veiculação fosse o mais abrangente possível. Ex.: através de carros com alto-falantes que divulgariam, nas proximidades, os locais onde o posto de saúde estaria funcionando no dia subseqüente, divulgação através de rádio e TV, jornais, comunicado às escolas, igrejas e comércio local (os carros de divulgação seriam usados apenas no início da implantação do projeto, visto que com o cronograma efetuado a população se acostumaria a aguardá-los nos dias marcados para tal). A divulgação para efeito de fixação da obra do governo seria feita com os veículos de comunicação normais, deixando a manutenção e sustentação da campanha com as ações acima citadas.

PROJETO "PRAÇA DAS RELIGIÕES"

Consiste na confecção de monumentos a serem erigidos em praças públicas, com o intuito de homenagear todos os povos através de suas religiões. Abrange também a designação de espaço para cultos e/ou manifestações religiosas das praças.

A campanha a ser desenvolvida seria calcada em termos da universalidade representada pela crença que a população desenvolve nos ritos religiosos.

É um projeto de repercussão relativa e com flancos abertos para ataques da oposição, que poderá vir a colocar a intenção do governador de usar as religiões para fazer seu nome. Como contra-argumento, devemos colocar a intenção primeira que é a do projeto homenagear todas as religiões.

Para que a repercussão do projeto recaia sobre o governador, a imprensa e a população precisam ser esclarecidas que as cidades beneficiadas o foram por iniciativa do governo do Estado, sem que houvesse pressão ou pedido de qualquer prefeito, pois se não for efetuada esta colocação, o poder municipal pode capitalizar o evento para si.

Defesa — Projeto de abrangência relativa, pois o uso da praça para fins religiosos seria segmentado apenas para as religiões que fazem pregações externas, embora a praça e o monumento a ser erigido devam ter conotações de congraçamento entre todas as religiões. A Bíblia, originalmente proposta, segmentaria ainda mais, pois excluiria as religiões afro-brasileiras e outras que não a têm como símbolo representativo de sua religião. O monumento deve ter a conotação de representatividade entre todas, e, para isto, teríamos que contatar artistas plásticos para desenvolver as simbologias relativas às religiões como um todo. Projeto simpático à população.

Ataque — Por ser um projeto de abrangência relativa, mensuramos o fator custo/benefício como satisfatório, embora a repercussão não atinja todo o segmento da sociedade.

Desenvolvimento

1) Projeto de implantação a médio prazo que iniciaria com o lançamento da pedra fundamental pelo governador, na capital do Estado e nas cidades que formam o bolsão. As mídias utilizadas seriam direcionadas a conotar a preocupação do governo com a liberdade de expressão da população.

Na mídia impressa deve-se utilizar comunicação à população de forma a convocá-la a participar das manifestações de inauguração e eventos religiosos realizados no local. Paralelamente, deve-se contatar membros representativos das diversas religiões para expressar a opinião a respeito.

2) Utilizar-se de *outdoor* e *indoor* para informar o povo sobre a existência do local, bem como da mídia eletrônica, principalmente a rádio que tenha um programa religioso. A assessoria do governo fará contato com os produtores destes programas para informá-los e orientá-los a respeito.

Campanha

1) Uso dos veículos informativos na fase de implantação, convocando o povo a comparecer ao lançamento da pedra fundamental, com o uso de toda a máquina publicitária para a cobertura do

evento. Comparecimento do governador, autoridades locais, entidades religiosas, imprensa.

2) Fase de conclusão: inauguração da praça com a presença do governador, autoridades, entidades religiosas, imprensa etc. Colocação de *outdoor, indoor* e *busdor* convocando a presença popular. Utilizar-se da mídia eletrônica e impressa. Enfatizar o espírito da liberdade de expressão impetrada pelo governo.

"Modus operandi" na campanha

A divulgação dos locais em que serão implantadas as praças das religiões, bem como a posição do governo de respeitar a liberdade de culto, deve caracterizar o direcionamento da campanha. Em primeira instância, deve-se convocar todas as expressões religiosas do Estado a compactuar com o projeto e, a partir disto, divulgar, via imprensa, o lançamento deste.

No lançamento da pedra fundamental, a assessoria de imprensa do governo fará oficialmente o convite às autoridades locais e entidades religiosas, a fim de dotar o evento com a característica universal do congraçamento entre todos os povos através da religião.

PROJETO "CORETO"

Consiste na construção de locais onde se desenvolveriam projetos culturais, de forma a levar música, teatro, marionetes e toda expressão artística mais próxima do povo, visando inclusive a preservação do folclore regional.

O projeto seria desenvolvido através da Secretaria de Educação e Cultura, que iria detectar manifestações artísticas regionais e organizá-las de forma a poder levá-las ao maior número de pessoas possível. Incluiria também a formação de bandas e fanfarras que fariam suas apresentações nestes locais (estilo coreto), além da banda da polícia militar. *Shows* de artistas de renome, peças de teatro amador/profissional etc.

A visualização deste local é como sendo um coreto com tamanho suficiente para apresentações de peças de teatro, sendo um dos lados móveis (abertura para estilo palco).

Defesa — Projeto de repercussão maior na classe de baixa renda da população, pois visa propiciar lazer gratuito nos fins de semana a quem, por falta de poder aquisitivo, fica na ociosidade nesse período.

Tem como tema principal deslocar a cultura a locais que não

apresentem condições de manter um grande espaço cultural, ou seja, levar o artista onde o povo está.

Totalmente frágil nos ataques efetuados pela imprensa/oposição, pois a mentalidade de nosso povo intelectualizado visa mais projetos de abrangência prática do que projetos subjetivos, teríamos que nos colocar na posição da fábula de Esopo (A Formiga e a Cigarra), levando nossa defesa com certa tranqüilidade.

Ataque — Por ser um projeto que demanda obras e tempo para detecção de manifestações artísticas e culturais nos segmentos da população, poderá vir a ser inviabilizado por falta de tempo para implantá-lo adequadamente, porém, com um cronograma rígido, poderíamos impetrá-lo em tempo hábil de inauguração.

Desenvolvimento

Projeto de implantação a longo prazo, que se iniciaria com a construção dos coretos e inauguração com artistas de renome. A montagem de grupos regionais, bem como de bandas e fanfarras, poderia ser conseguida através das escolas públicas, que detectariam, montariam e ensaiariam os elementos que comporiam estes grupos.

O lançamento do projeto, bem como sua manutenção é um ônus razoavelmente pesado ao Estado, o que implicaria deixar os flancos abertos para ataques. Uma campanha bem montada de lançamento do projeto amenizaria estes ataques e resultaria em benefícios ao governo.

Campanha

Como primeira ação, levaríamos ao conhecimento da imprensa, dos artistas e intelectuais locais a existência e abrangência do projeto. Com o início das obras, seria efetuada com veiculação de forma a conscientizar a população de como usar os coretos, conclamando-a a participar ativamente deste projeto, formando grupos culturais e se inscrevendo em determinados locais.

Em cada inauguração e em todas as apresentações, a banda da polícia militar ou a banda local sairia às ruas, convidando e levando o povo até o coreto.

"*Modus operandi*" *na campanha*

A divulgação do projeto no meio artístico é de fundamental importância para o sucesso do projeto. Quanto mais elementos se engajarem na defesa do projeto, com mais facilidade se conseguirá a repercussão esperada.

A linha mestra da campanha deve ser a de levar o artista onde o povo está. Assim sendo, a assessoria da Secretaria de Educação e Cultura se incumbiria de levar os dados necessários para concretizar a aproximação artista/governo.

Após esta aproximação, a campanha conotará como um mutirão cultural, onde todos se aglutinariam em torno de um objetivo único.

Na inauguração, com a presença das autoridades e de preferência com artistas da terra que tenham sucesso nacional, se colocaria a importância e a necessidade da implantação do projeto. A forma de veiculação da campanha se faria com *outdoors, indoors*, mídia eletrônica e impressa, e a manutenção seria efetuada através de uma campanha de sustentação, direcionada a manter a população comparecendo aos locais dos eventos. Ex.: Almir Sater, autor da música *Trem do Pantanal*, artista da Rede Globo, programa *Som Brasil*.

PROJETO "POLÍCIA MONTADA"

Consiste em levar policiamento a bairros periféricos dos grandes centros, expandindo, por um meio tradicional, o policiamento já existente. O projeto visa preliminarmente a expansão de policiamento ostensivo e preventivo nos bairros mais longínquos, transmitindo a segurança necessária à população, concomitantemente ao apoio que será dado ao policiamento já existente no local. O uso de cavalos nos bairros, desde que suportem tal deslocamento, visa a minimizar o custo de manutenção dos equipamentos policiais, sendo desaconselhável o seu uso na capital e em grandes centros urbanos, por atrapalhar o trânsito, judiar do animal (bater o casco no asfalto, escorregar etc.) e pela indesejável sujeira que o animal, por necessidade fisiológica, obriga-se a fazer.

É um projeto de abrangência relativa, pois visa a população moradora dos bairros periféricos, embora a conotação da campanha, se colocada como aumento de segurança para todos, possa ampliar esta abrangência.

Defesa — É um projeto que atende à reivindicação de toda a população, que clama por maior segurança.

Projeto de implantação a curto prazo, devendo ser coordenado pela Secretaria de Segurança Pública, com a colaboração das outras secretarias do Estado. É de fácil assimilação e aceitação pela população e órgãos informativos, de abrangência máxima em todos os segmentos da sociedade. Tem como tema principal a ação preventiva e ostensiva da polícia. Altamente compensatório na relação custo/benefício.

Ataque — Sistema arcaico de policiamento, visa atualmente colocar a polícia na rua a um baixo custo e operacionalidade duvidosa. Flanco aberto para ataques que teriam que ser dissimulados através da conscientização da população. Mas dos males o menor, ou seja, antes a polícia montada atuante que a polícia inoperante.

Desenvolvimento

Projeto de rápida implantação que se iniciaria nos grandes centros urbanos, visando assegurar à população a tranqüilidade necessária. Através da Secretaria de Segurança Pública, detectaríamos os pontos mais carentes para o implante do projeto e, através de infra-estrutura existente ou a ser implantada, atingiríamos rapidamente o objetivo.

O treinamento dos homens seria efetuado pela polícia militar, e a manutenção dos animais ficaria a cargo da estrutura já existente nos locais, ampliando ou construindo instalações.

Campanha

1) Uso de órgãos informativos com materiais de esclarecimento à população, deixando clara a preocupação do governo na área.

2) Deflagrar campanha com mídia imprensa e eletrônica, *outdoor, indoor*, destacando a ação preventiva da polícia montada no combate à criminalidade e o apoio efetuado ao policiamento já existente.

Direcionar a campanha como ação governamental abrangente a todos os segmentos da sociedade.

3) Após a implantação do projeto, fazer comparativos da diminuição que obviamente ocorrerá nos índices de criminalidade.

"Modus operandi" na campanha

1) Assessoria de imprensa do palácio convoca a imprensa para divulgar o lançamento do projeto.

2) Através de comunicação à população, o governador esclarece o porquê da implantação.

3) Contatar agência de propaganda para o lançamento do projeto através das mídias disponíveis no mercado.

4) Após a implantação, agência de propaganda deflagra campanha de manutenção, enfocando a diminuição do índice de criminalidade.

PROJETO "DELEGACIA DA MULHER"

O projeto "delegacia da mulher" visa constituir e instalar delegacias que vão atender às mulheres que sofrem agressões físicas, morais e desrespeito a seus direitos humanos. Infrações que têm como agente os seus cônjuges, parentes, vizinhos, conhecidos ou empregadores. A experiência adquirida em outros Estados demonstra a importância deste projeto, visto o índice de freqüência e resolução dos casos atendidos terem aumentado significativamente, dando oportunidade às mulheres de se reportarem abrangente e imediatamente, colhendo-se bons dividendos com uma campanha de sustentação. A obtenção de recursos humanos para a área será conseguida na própria estrutura da Secretaria de Segurança Pública.

Campanha

Por ser de implantação imediata, o projeto será deflagrado juntamente com a campanha, usando-se maciçamente as mídias disponíveis no Estado, através de agências de propaganda. À assessoria de imprensa caberá divulgar declarações do governador em defesa do projeto, destacando e atrelando este projeto à polícia montada, dando a conotação de preocupação do governo com a segurança pública.

A sustentação e a manutenção da campanha dar-se-ão através das reportagens e noticiário local sobre acontecimentos de competência destas delegacias e campanhas em mídia eletrônica (rádio e TV).

"Modus operandi" na campanha

1) A assessoria de imprensa do palácio do governo convocará os meios de comunicação para declaração do governador, que abordará a implantação do projeto e explicará por que, no Estado, a delegacia da mulher passa a existir, atrelando-se a isto os índices extraídos da Secretaria da Segurança Pública referentes à incidência de casos ocorridos com mulheres.

2) Deflagrar campanha, com *outdoors, indoors*, e mídias dispo-

níveis no Estado, conotando a abrangência do projeto e direcionando a campanha de modo a destacar a posição do governo na resolução do problema, quando da inaguração da primeira delegacia.

3) Campanha de sustentação e manutenção através de *flashes* em mídia eletrônica, destacando a nova forma de governar impetrada pelo governador.

PROJETO "VIVA O ESPORTE"

Consistiria em construir ginásios de esportes para uso público, de forma a levar os equipamentos de esportes mais próximos da população, elevando e enfocando o espírito de que o esporte é para todos.

Usaríamos o máximo possível o *men sana in corpore sano*, de forma a difundir e incentivar o uso de ginásios de esportes e com vistas a detectar atletas amadores que possam concorrer em torneios nacionais e internacionais.

Paralelamente, iniciaríamos um processo de competições a nível estadual, destacando a importância do esporte e a infra-estrutura colocada pelo governo à disposição da população.

No decorrer da campanha, atentaríamos ainda para o fato de que o "esporte é saúde".

Defesa — Projeto que visaria um segmento da população que desenvolveria atividades esportivas e que iria utilizar os equipamentos colocados à disposição através dos ginásios de esporte.

Projeto com flancos abertos para ataques, pois não abrange todos os segmentos da população e que, na realidade, daria maior repercussão na classe média que na classe baixa, pois a falta de tempo para a prática de esportes pode levar a classe baixa a uma irritação compreensível. Para minimizar este impacto, poder-se-ia atrelar a alguns ginásios de esporte, de preferência os mais periféricos, o projeto "coreto", dando assim características de parque de lazer ao ginásio de esportes.

Ataque — Projeto dirigido a segmentos, pois não abrangeria a maioria da população, podendo ser atacado pelo aspecto sócio-econômico da forma mais irracional, ou seja, o dinheiro gasto em lazer nunca é bem recebido pela oposição.

Através do trabalho de avaliação e treinamento dos esportistas, configura-se o interesse do governo em firmar a própria imagem e consolidação do Estado, tendo como um dos ítens de destaque o esporte.

Desenvolvimento

Projeto de instalação imediata, visto que as obras dos ginásios já estariam orçadas. Coordenado pela Secretaria de Esportes, atrelada à Secretaria de Educação e Cultura, o projeto supriria a ânsia do povo de encontrar, através de seus atletas, ídolos da terra que poderiam ser considerados exemplos de elementos nativos do Estado. Através da difusão e facilidade da população em usufruir dos ginásios de esporte, a seleção de atletas amadores ganharia, sem dúvida, impulso na área.

Projeto de repercussão razoável na população, pois visa segmentos e não o *totum* desta, deixando alguns flancos abertos para ataques.

Como sustentação de defesa, usaríamos o esporte como mais uma ação preventiva na área de saúde.

Campanha

1) Lançamento do projeto em sincronia com a imprensa local, levando a mensagem do governador, que enfocaria a importância do esporte na saúde, na consolidação do Estado e na repercussão e difusão dos atletas. Seria o momento apropriado para se apresentar atletas de destaque, de preferência natos no Estado, avalizando a iniciativa do governador, atrelando-a às mídias, que colocariam o aspecto saudável do esporte.

2) Na inauguração do primeiro ginásio de esportes pelo governador, far-se-ia cobertura total via imprensa, deflagrando-se a campanha concomitantemente.

3) Campanha de sustentação e manutenção através de mídia eletrônica e imprensa, com materiais relacionados aos fatos esportivos patrocinados pelo governo, além dos *outdoors.*

"Modus operandi" na campanha

1) Através da assessoria de imprensa do palácio do governo, convocaríamos a imprensa para declarações do governador, no sentido de informar a população do lançamento do projeto, atrelando o esporte à saúde, e a constatação de que os esportistas despontariam nas suas modalidades, para engrandecer e consolidar o Estado, através de competições nacionais e internacionais.

2) Na inauguração do primeiro ginásio de esportes, convocaríamos, através de convitess oficiais, autoridades esportivas e médicos de renome para prestar declarações à imprensa, deflagrando, no mesmo dia, a campanha nas mídias disponíveis no Estado.

3) A campanha de sustentação e manutenção seria efetuada através das mídias existentes, fatos jornalísticos, *outdoors* e *indoors*.

PROJETO "DIA DO NATIVO DO ESTADO"

Consistiria na instituição do dia do nativo do Estado, coincidindo com a data do desmembramento territorial do Estado. Para marcar a data, seria instituído o prêmio, a entrega do troféu às pessoas que, dentro de sua área profissional, colaboraram para o engrandecimento do Estado.

Este evento marcaria definitivamente o conceito de Estado autônomo, gerando dividendos para o governo em termos de promoção. Coordenado pela Secretaria de Educação e Cultura, abrangeria todos os segmentos profissionais, repercutindo, através da população, o reconhecimento do governo à luta do povo para a consolidação do Estado.

Defesa — Projeto de repercussão estadual, conotando o reconhecimento do governo aos profissionais que, anonimamente, lutam para consolidar o Estado e expandir a sua expressão. Simpático à população, pois está arraigado no sentimento de regionalismo, acoplando-se naturalmente ao *slogan* "Amor à Terra é Isto".

Ataque — Como todo projeto de cunho cultural, os ataques que seriam efetuados seriam calcados em custos e/ou reprovação na escolha das personalidades premiadas. Para evitarmos os ataques, faríamos comissões mistas ou de pessoas não ligadas ao governo, retirando a base para os ataques.

Desenvolvimento

Projeto de impacto em final de mandato, que repercutiria por longo tempo como um marco na história do Estado, alocando o nome do governador na literatura referente à implantação do Estado.

Projeto simpático à população e de abrangência máxima, pois não segmentaria nenhuma parcela. Pelo seu baixo custo na implantação, o uso maciço da publicidade, através de mídias diversas, deveria ser impetrado e usado de forma a destacar o governador como pessoa natural do Estado, preocupado com o mesmo.

Campanha

1) Divulgação, através da assessoria de imprensa, do envio do projeto à Assembléia Legislativa, destacando a iniciativa do governador.

2) Escolha da comissão que iria designar os profissionais merecedores do prêmio. Lançamento de matéria jornalística a respeito através da assessoria de imprensa.

3) Campanha de divulgação do evento "Entrega de Prêmios", das pessoas contempladas e da instituição do dia do Nativo.

4) Entrega dos prêmios em auditório consagrado, na capital do Estado, contando com a presença de autoridades, representantes de classes, imprensa e do próprio governador.

5) Manutenção da campanha com veiculação governamental nas emissoras de TV e rádio, informando as realizações do governo, concomitantemente com os *outdoors*.

"Modus operandi" na campanha

1) Divulgação maciça, através de matéria jornalística, informando o encaminhamento do projeto de lei à Assembléia Legislativa.

2) Após aprovação, divulgação da comissão que irá desenvolver a escolha dos profissionais de cada área. Esta comissão deverá entrar em contato com sindicatos ou órgãos de classes para apreciar os profissionais apresentados.

3) Nos 30 dias anteriores ao da entrega dos prêmios, divulgação da campanha em todos os veículos de comunicação, levando a mensagem do governador, do evento e de sua importância.

4) Na entrega dos prêmios, com a presença do governador e através de suas mãos, utilização de meios jornalísticos para fixar o fato (assessoria do Palácio).

5) Para manutenção e sustentação da campanha, usaríamos *flashes* na mídia eletrônica e repetiríamos os *outdoors* do início da campanha (garantia de uniformidade).

19. MODELO DE INSTRUÇÕES PARA FISCAIS DE "BOCA DE URNA" E MESA APURADORA

APRESENTAÇÃO

É de fundamental importância que o PFL exerça uma eficiente fiscalização durante a apuração das eleições de 15/11/85.

O presente manual contém as instruções e procedimentos essenciais a serem seguidos pelos fiscais do PFL, além das informações básicas sobre as juntas eleitorais e de interesse dos fiscais do partido.

Em complemento às instruções constantes deste manual, os fiscais do PFL poderão recorrer à Procuradoria Jurídica do PFL, que funcionará em regime de plantão durante o período de apuração dos votos, para atender às solicitações dos fiscais do PFL.

I) *Organização para apuração das eleições*

1) A apuração será feita por juntas eleitorais compostas de presidente, escrutinadores e auxiliares. As juntas eleitorais e os seus membros são divulgados com antecedência de 60 dias das eleições.

2) As juntas eleitorais devem:
— apurar as eleições;
— resolver as impugnações e incidentes na apuração;
— expedir boletins de apuração;
— lavrar atas.

3) Aos fiscais do PFL será dado conhecimento da composição das juntas eleitorais onde irão atuar.

II) *Credenciamento da fiscalização*

1) Cada partido ou coligação pode credenciar 3 (três) fiscais perante as juntas eleitorais. No caso da divisão destas em turmas, o credenciamento será de 3 (três) fiscais para cada turma.
2) Os fiscais do PFL devem estar munidos da nomeação perante as juntas eleitorais, fornecida pelo diretório municipal do partido.
3) Só um fiscal do PFL pode atuar (de cada vez) no decorrer das apurações. Como é necessário um acompanhamento permanente na apuração, os fiscais do PFL deverão atuar em regime de revezamento.
4) Os fiscais do PFL deverão tratar o presidente e demais integrantes das juntas eleitorais com todo o respeito e deferência, entretanto, defendendo enfaticamente as impugnações e o registro das irregularidades ocorridas durante a apuração.
5) Os fiscais do PFL deverão permanecer no local de apuração até a contagem da última urna, mesmo durante a suspensão dos trabalhos de um dia até o dia seguinte.

III) *Aspectos gerais da apuração*

1) O início da apuração poderá ser a partir do recebimento da primeira urna ou no dia seguinte ao das eleições.
— Os fiscais do PFL nomeados para acompanhar a apuração deverão estar presentes na ocasião e substituirão os fiscais do PFL que funcionaram junto às mesas receptoras.
2) A apuração se processará nos dias úteis, sábados, domingos e feriados, sem interrupção, no período diário de 8 às 18 h, pelo menos.
3) A apuração de uma urna não poderá ser interrompida até a sua conclusão.
No caso em que, por motivo de força maior, venha a ser interrompida, as cédulas e as folhas de apuração serão recolhidas à urna, e esta será fechada e lacrada. Este fato constará da ata de apuração.

IV) *Procedimentos anteriores à abertura da urna*

1) Antes da abertura de cada urna, a junta eleitoral deverá proceder à leitura da ata da mesa receptora.
— Os fiscais do PFL deverão verificar:
    a) se a mesa receptora está constituída legalmente;
    b) se as folhas individuais de votação e as folhas modelo 2 são autênticas;

c) se as eleições ocorreram no dia e local designados, e se tiveram início às 8 e não foram encerradas antes das 17 h;
d) se foi resguardado o sigilo do voto;
e) se a fiscalização do PFL foi exercida sem repressão;
f) se votou eleitor excluído do alistamento, sem ser o seu voto tomado em separado;
g) se votou eleitor de outra seção, a não ser nos casos admitidos;
h) se houve demora na entrega da urna e dos documentos;
i) se das folhas de votação dos eleitores faltosos consta o registro da sua falta.

2) Antes de a urna ser aberta, os fiscais do PFL deverão verificar se há indícios de violação da urna. Caso haja, o presidente da junta indicará um perito para examinar a urna com assistência do representante do Ministério Público.

3) Caso o perito conclua pela existência da violação, e a junta aceite o seu parecer, o fato deverá constar da ata, e o presidente comunicará ao Tribunal Regional, para as providências de lei.

4) Caso apenas o representante do Ministério Público entenda que a urna foi violada, a junta decidirá se efetua ou não a apuração. O fato deverá constar da ata.

5) As informações dos fiscais do PFL, fundamentadas em violação da urna, somente poderão ser apresentadas antes da abertura da urna.

— Os fiscais do PFL deverão exigir o registro em ata e comunicar de imediato à procuradoria do PFL, sempre que a junta não acolher as impugnações de violação de urna.

6) Caso sejam constatadas irregularidades por ocasião da leitura da ata da mesa receptora, envolvendo os itens a, b, c e d acima, a junta deverá anular a votação e apurar os votos em separado.

— Os fiscais do PFL deverão exigir a observância do procedimento, seu registro em ata e comunicar à procuradoria do PFL.

7) A junta decidirá se a votação é válida, nos casos dos itens f, g, h e i. Procederá à apuração definitiva ou em seprado, dependendo de sua decisão.

— Os fiscais do PFL deverão comunicar à procuradoria a ocorrência e avaliar a conveniência do registro da mesma em ata.

8) As urnas que não estiverem acompanhadas dos documentos legais não serão apuradas, e a junta lavrará termo sobre o fato.

9) As questões relativas a rasuras, emendas e entrelinhas nas

folhas de votação e na ata de eleição serão levantadas na fase de verificação da documentação, antes da abertura das urnas.

V) *Abertura da urna*

1) Aberta a urna, o procedimento inicial será verificar se o número de cédulas oficiais é correspondente ao de votantes. A não-coincidência não constituirá nulidade da votação, desde que não resulte de fraude comprovada.

2) Caso a não-coincidência entre os números seja resultante de fraude, a junta deverá fazer a apuração em separado.

— Os fiscais do PFL deverão exigir o registro em ata, sempre que não concordarem com a decisão tomada pela junta, e comunicar o fato à procuradoria do PFL

3) Resolvida a apuração da urna, serão examinadas as sobrecartas brancas. Os votos de eleitores que não podiam votar serão anulados e os dos que podiam votar serão misturados com as demais cédulas oficiais.

4) Não poderá ser iniciada a apuração de uma urna sem que as cédulas nessas condições tenham sido devidamente carimbadas com as expressões "nulo" ou "em branco" e rubricadas pelo presidente da junta.

VI) *Contagem dos votos*

1) Resolvidas as questões de abertura da urna, a junta passará a apurar os votos. À medida que as cédulas oficiais forem sendo abertas, serão examinadas e lidas em voz alta por um dos componentes da junta.

— Os fiscais do PFL poderão apresentar impugnações à medida que os votos forem sendo apurados, as quais serão decididas pela junta.

— Os fiscais do PFL deverão impetrar recurso, de imediato, verbalmente ou por escrito, caso as impugnações formuladas não sejam atendidas pela junta, e comunicar o fato à procuradoria do PFL.

— Ao ser constatada a ocorrência de voto em branco, os fiscais do PFL deverão exigir a colocação do carimbo "em branco", além da rubrica do presidente da junta.

— Os fiscais do PFL deverão observar procedimento idêntico para o caso dos votos nulos, carimbados com a expressão "nulo".

— Os fiscais do PFL só poderão apresentar questões relativas às cédulas enquanto elas estiverem sendo examinadas.

20. HISTÓRIAS QUE A POLÍTICA ESCREVEU

MINEIRICE

Na campanha governamental em Minas Gerais, o candidato Tancredo Neves perdeu as eleições para o piauiense Francelino Pereira. Uma repórter procurou o candidato derrotado para uma entrevista e fez a seguinte pergunta:
— Dr. Tancredo, como o senhor entende a política mineira?
E o Dr. Tancredo, com toda a sua mineirice, respondeu:
— Minha filha, em um estado em que o juiz é de fora, o mar é de Espanha, o ouro é preto e o governador piauiense, você quer entender o quê!

O ELOGIO

Na cidade paranaense de Céu Azul, o prefeito resolveu fazer uma homenagem ao deputado ... dando seu nome a uma rua da cidade. No dia aprazado, a banda tocava, a praça cheia, os rojões estouravam e as autoridades locais estavam a postos.
O discurso de todos decorreu sem grandes novidades, sendo que o prefeito iria fazer o último, para fechar o evento com chave de ouro.
O prefeito tira o pigarro da garganta e começa:
— Povo de Céu Azul, muito nos honra a presença do deputado ... em nossa cidade. E para mostrar a nossa admiração por sua pessoa, tivemos a .... a... a... (Silêncio; olha para o assessor mais próximo e desfecha:)

— Tivemos a petulância de dar o seu nome a esta rua.

PÁ DE CAL

No interior do Maranhão, ainda persistem os coronéis, com seus cargos públicos. O prefeito de uma cidade desta região mandou chamar um dos seus assessores e fez a seguinte recomendação:
— Vá a São Luís com o caminhão, e traga uma carrada do que está escrito neste bilhete.

O assessor, mais que prontamente, coloca o bilhete no bolso e sai para a capital, em busca da encomenda.

Dois dias se passaram, quando chega o assessor no gabinete do prefeito.
— Coronel, a sua encomenda está no caminhão.

O coronel se dirige até a porta, olha para a carroceria e exclama:
— Rapaz! Eu pedi uma carrada de sal e você trouxe cal?

O assessor puxa do bolso o bilhete e diz:
— Coronel, a encomenda veio direitinho o que estava escrito, uma carrada de cal.

O coronel toma o bilhete do assessor e não se dá por vencido:
— Rapaz; você fez uma tremenda confusão só por causa do cedilha.

OBRAS DO GOVERNO

Um prefeito do interior do Maranhão, nascido e criado em sua terra natal, recebeu um convite do então governador do estado José Sarney, para uma conversa em sua residência em São Luís.

O governador tinha muito interesse na região que o prefeito representava e pediu que dois assessores fossem até a tal cidade buscar o prefeito, que não conhecia nada além dos limites de seu município.

Chegando à capital, o prefeito ficava maravilhado com tudo que via e exclamava com os olhos arregalados e a boca aberta:
— Nossa! Que ponte grande!

E os assessores do governador automaticamente completavam:
— É obra do governo Sarney.
— Nossa! Que avenida bem cuidada!

E os assessores:
— É obra do governo Sarney.

Chegando à casa do governador, que fica no Calhau, de onde se tem uma das mais belas vistas do mar, o prefeito não se conteve. Pediu para parar o carro, desceu, respirou fundo e disse:

— Mas que açude enorme!
E prontamente os assessores completaram:
— É a última obra do governo Sarney.

A REGIÃO

Na cidade de Capitão Leônidas Marques, próximo a Cascavel, no Paraná, foi eleito o prefeito João Libório, caboclo simples, humilde, que pela primeira vez se tornava alguém na vida. Foi programado, por sua assessoria, dias após sua posse, uma visita oficial ao governador do Estado.

Chegando ao Palácio do governo, foi rapidamente atendido e encaminhado ao gabinete do governador.

Conversa vai, conversa vem, o governador pergunta ao prefeito: — João Libório, me diga. Como é que está a sua zona? O prefeito coçou a cabeça e respondeu: — Olha governador, a zona lá já foi boa, agora só tem umas três ou quatro putas.

DUPLA PERSONALIDADE

No Mato Grosso do Sul, o nome de Pedro Pedrossian é sempre lembrado e respeitado em todas as cidades.

Mas, como todo político, ele também tem seus inimigos.

No interior do estado vivia José Nascimento, ou, como era mais conhecido, Zé Pinguinha, que acalentava verdadeiro ódio por Pedro Pedrossian. Toda vez que entornava mais algumas (o que era freqüente), deitava falação contra o político em questão.

Um belo dia, foi anunciada a chegada de Pedrossian à cidade, e todos seus partidários fizeram um alvoroço para a festa de recepção ao candidato, no aeroporto.

Banda de música, faixas, cartazes, ônibus lotados vindos da zona rural, e uma multidão de fanáticos lotou o aeroporto local, que não passava de uma pista de terra batida.

No meio da multidão, estava Zé Pinguinha, fazendo a maior festa.

Chega o candidato, a multidão carregando-o nos braços: e um dos que o sustenta no alto é justamente Zé Pinguinha.

Terminada a recepção, um dos conhecedores das preferências políticas de Zé Pinguinha pergunta-lhe, indignado:

— Como é que pode Zé, você fala mal todo dia do Pedro Pedrossian, e quando ele vem à cidade, você carrega o homem nos braços?

E ele responde:

— Compadre, é uma das poucas oportunidades que tenho de lhe passar a mão na bunda.

BIBLIOGRAFIA

1. MARKETING GERAL

Cundiff, Edward William. *Marketing básico: fundamentos.* São Paulo, Atlas, 1981.
McCarthy, E. Jerome. *Marketing básico: uma visão gerencial.* Rio de Janeiro, Zahar Editores, 1976.
Kotler, Philip. *Administração de marketing: análise de planejamento e controle.* São Paulo, Atlas, 1981.
Rosemberg, Larny J. *Marketing.* New Jersey, Prentice-Hall, Inc.

2. MARKETING POLÍTICO

White, Theodore. *The marketing of the president, 1960.* Nova York, Atheneum House, Inc., 1961.
McGinness, Joe. *The Selling of the President 1968.* Nova York, Trident Press, 1969.
Glick, E. *The New Methodology.* Washington D.C., The American Institute for Political Communication.
Kotler, Philip. *Marketing para organizações que não visam lucro.* São Paulo, Atlas, 2ª edição, 1980.
Down, A. "Théorie Economique et Théorie Politique", *RFSP*, vol. XI, jun., 1961.
Figueiredo, Nei. *Direito ao Poder: estratégia de marketing político.* São Paulo, 1985.
Kuntz, Ronald. *Marketing Político. A Eficiência a Serviço dos Candidatos.* São Paulo, Global, 1982.

Galbraith, J. K. *Anatomia do Poder.* São Paulo, Editora Pioneira, 1984.

Gaudêncio Torquato. *Marketing Político e Governamental.* São Paulo, Summus, 1990, 3.ª edição.

3. REFERÊNCIAS

"Vendendo Presidentes a consumidores que não escolhem". *ADM,* dezembro de 1984, p. 10.

"O que é marketing político". *Marketing,* janeiro de 1985, p. 24/29.

"Como se faz um político". *Status,* abril de 1985, p. 44/49.

"Marketing Político: dificuldades conceituadas". *Revista Administração,* vol. 20 n.º 1, 01.03.85.

"O amadurecimento do marketing político é diferente do marketing comum". *Marketing,* março de 1985, p. 98.

"Publicidade só não basta". *ADM,* junho de 1985, p. 21/22.

"Política, a alma do negócio". *Senhor,* 03.07.85, p. 49/52.

"Voto dos analfabetos, como vender seu candidato". *ADM,* 4 de julho de 1985, p. 50/57.

"A propaganda eleitoral". *Revista da Abert,* setembro de 1985, p. 4.

"Uma receita de marketing político". *Parlamento,* janeiro de 1986, p. 16/18.

"O marketing político". *Marketing,* dezembro de 1985, p. 13/93.

4. VÍDEO

Os melhores momentos do 1.º Congresso Brasileiro de Estratégias Eleitorais e Marketing Político. Produtora Cebravi. 1988.

5. LIVROS DE APOIO

Carlos Figueiredo. *Técnicas de Campanha Eleitoral* (palestra no IBEAC).

Ciro Marcondes Filho (org). *Política e Imaginário — Nos meios de comunicação para massas no Brasil.* São Paulo, Summus Editorial, 1985.

Gisela Swetlana Ortriwano. *A informação no Rádio — Os grupos de poder e a determinação dos conteúdos.* São Paulo, Summus Editorial, 1985.

Al Ries, Jack Trout. *Marketing de Guerra.* McGraw-Hill, São Paulo, 5.ª edição, 1986.

O AUTOR

Carlos Augusto B. Manhanelli começou a militar em campanhas eleitorais no ano de 1974, época em que fazer campanha era considerado perigo de vida, pois as colagens e pichações só podiam ser feitas à noite e com cuidado para não encontrar os militantes do partido adversário.

Formado em Administração de Empresas, com cursos de especialização em *marketing*, colocou toda a experiência de campanhas vividas dentro da teoria aprendida, aliando neste livro as técnicas que podem ser consideradas úteis nas campanhas eleitorais e adaptando outras, derivadas de suas pesquisas em literatura estrangeira, à realidade brasileira.

Milita na mídia eletrônica (TV) como Diretor Comercial e de Marketing, além de produzir e apresentar programa de entrevistas políticas e de análise de campanhas eleitorais no Piauí e no Maranhão.

Atualmente é diretor da Manhanelli & Associados, coordenador de campanhas eleitorais em todo o país, coordenador e palestrante do primeiro ciclo nacional de seminários sobre Marketing Político e Administração de Campanhas Eleitorais promovido pela Escola Superior de Propaganda e Marketing, coordenador e palestrante do 1? Congresso Brasileiro de Estratégias Eleitorais e Marketing Político, promovido pela Fundação Escola de Sociologia e Política de São Paulo, conferencista e consultor de marketing.

NOVAS BUSCAS EM COMUNICAÇÃO
VOLUMES PUBLICADOS

1. *Comunicação: teoria e política* — José Marques de Melo.
2. *Releasemania — uma contribuição para o estudo do press-release no Brasil* — Gerson Moreira Lima.
3. *A informação no rádio — os grupos de poder e a determinação dos conteúdos* — Gisela Swetlana Ortriwano.
4. *Política e imaginário nos meios de comunicação para massas no Brasil* — Ciro Marcondes Filho (organizador).
5. *Marketing político e governamental — um roteiro para campanhas políticas e estratégias de comunicação* — Francisco Gaudêncio Torquato do Rego.
6. *Muito além do Jardim Botânico — um estudo sobre a audiência do Jornal Nacional da Globo entre trabalhadores* — Carlos Eduardo Lins da Silva.
7. *Diagramação — o planejamento visual gráfico na comunicação impressa* — Rafael Souza Silva.
8. *Mídia: o segundo Deus* — Tony Schwartz.
9. *Relações públicas no modo de produção capitalista* — Cicilia Krohling Peruzzo.
10. *Comunicação de massa sem massa* — Sérgio Caparelli.
11. *Comunicação empresarial/comunicação institucional — Conceitos, estratégias, planejamento e técnicas* — Francisco Gaudêncio Torquato do Rego.
12. *O processo de relações públicas* — Hebe Wey.
13. *Subsídios para uma Teoria da Comunicação de Massa* — Luiz Beltrão e Newton de Oliveira Quirino.
14. *Técnica de reportagem — notas sobre a narrativa jornalística* — Muniz Sodré e Maria Helena Ferrari.
15. *O papel do jornal — uma releitura* — Alberto Dines.
16. *Novas tecnologias de comunicação — impactos políticos, culturais e socioeconômicos* — Anamaria Fadul (organizadora).
17. *Planejamento de relações públicas na comunicação integrada* — Margarida Maria Krohling Kunsch.
18. *Propaganda para quem paga a conta — do outro lado do muro, o anunciante* — Plinio Cabral.
19. *Do jornalismo político à indústria cultural* — Gisela Taschner Goldenstein.
20. *Projeto gráfico — teoria e prática da diagramação* — Antonio Celso Collaro.
21. *A retórica das multinacionais — a legitimação das organizações pela palavra* — Tereza Lúcia Halliday.
22. *Jornalismo empresarial* — Francisco Gaudêncio Torquato do Rego.
23. *O jornalismo na nova república* — Cremilda Medina (organizadora).
24. *Notícia: um produto à venda — jornalismo na sociedade urbana e industrial* — Cremilda Medina.
25. *Estratégias eleitorais — marketing político* — Carlos Augusto Manhanelli.
26. *Imprensa e liberdade — os princípios constitucionais e a nova legislação* — Freitas Nobre.
27. *Atos retóricos — mensagens estratégicas de políticos e igrejas* — Tereza Lúcia Halliday (organizadora).

28. *As telenovelas da Globo — produção e exportação* — José Marques de Melo.
29. *Atrás das câmeras — relações entre cultura, Estado e televisão* — Laurindo Lalo Leal Filho.
30. *Uma nova ordem audiovisual — novas tecnologias de comunicação* — Cândido José Mendes de Almeida.
31. *Estrutura da informação radiofônica* — Emilio Prado.
32. *Jornal-laboratório — do exercício escolar ao compromisso com o público leitor* — Dirceu Fernandes Lopes.
33. *A imagem nas mãos — o vídeo popular no Brasil* — Luiz Fernando Santoro.
34. *Espanha: sociedade e comunicação de massa* — José Marques de Melo.
35. *Propaganda institucional — usos e funções da propaganda em relações públicas* — J. B. Pinho.
36. *On camera — o curso de produção de filme e vídeo da BBC* — Harris Watts.
37. *Mais do que palavras — uma introdução à teoria da comunicação* — Richard Dimbleby e Graeme Burton.
38. *A aventura da reportagem* — Gilberto Dimenstein e Ricardo Kotscho.
39. *O adiantado da hora — a influência americana sobre o jornalismo brasileiro* — Carlos Eduardo Lins da Silva.
40. *Consumidor* versus *propaganda* — Gino Giacomini Filho.
41. *Complexo de Clark Kent — são super-homens os jornalistas?* — Geraldinho Vieira.
42. *Propaganda subliminar multimídia* — Flávio Calazans.
43. *O mundo dos jornalistas* — Isabel Siqueira Travancas.
44. *Pragmática do jornalismo — buscas práticas para uma teoria da ação jornalística* — Manuel Carlos Chaparro.
45. *A bola no ar — o rádio esportivo em São Paulo* — Edileuza Soares.
46. *Relações públicas: função política* — Roberto Porto Simões.
47. *Espreme que sai sangue — um estudo do sensacionalismo na imprensa* — Danilo Angrimani.
48. *O século dourado — a comunicação eletrônica nos EUA* — S. Squirra.
49. *Comunicação dirigida escrita na empresa — teoria e prática* — Cleuza G. Gimenes Cesca.
50. *Informação eletrônica e novas tecnologias* — María-José Recoder, Ernest Abadal, Lluís Codina e Etevaldo Siqueira.
51. *É pagar para ver — a TV por assinatura em foco* — Luiz Guilherme Duarte.
52. *O estilo magazine — o texto em revista* — Sergio Vilas Boas.
53. *O poder das marcas* — J. B. Pinho.
54. *Jornalismo, ética e liberdade* — Francisco José Karam.
55. *A melhor TV do mundo — o modelo britânico de televisão* — Laurindo Lalo Leal Filho.
56. *Relações públicas e modernidade — novos paradigmas em comunicação organizacional* — Margarida Maria Krohling Kunsch.
57. *Radiojornalismo* — Paul Chantler e Sim Harris.
58. *Jornalismo diante das câmeras* — Ivor Yorke.
59. *A rede — como nossas vidas serão transformadas pelos novos meios de comunicação* — Juan Luis Cebrián.
60. *Transmarketing — estratégias avançadas de relações públicas no campo do marketing* — Waldir Gutierrez Fortes.
61. *Publicidade e vendas na Internet — técnicas e estratégias* — J. B. Pinho.
62. *Produção de rádio — um guia abrangente da produção radiofônica* — Robert McLeish.
63. *Manual do telespectador insatisfeito* — Wagner Bezerra.
64. *Relações públicas e micropolítica* — Roberto Porto Simões.
65. *Desafios contemporâneos em comunicação — perspectivas de relações públicas* — Ricardo Ferreira Freitas, Luciane Lucas (organizadores).
66. *Vivendo com a telenovela — mediações, recepção, teleficcionalidade* — Maria Immacolata Vassallo de Lopes, Silvia Helena Simões Borelli e Vera da Rocha Resende.
67. *Biografias e biógrafos — jornalismo sobre personagens* — Sergio Vilas Boas.
68. *Relações públicas na internet — Técnicas e estratégias para informar e influenciar públicos de interesse* — J. B. Pinho.
69. *Perfis — e como escrevê-los* — Sergio Vilas Boas.
70. *O jornalismo na era da publicidade* — Leandro Marshall.
71. *Jornalismo na internet* – J. B. Pinho.

leia também

MARKETING PÓS-ELEITORAL
Carlos Augusto Manhanelli

A tarefa do marketing político não se encerra com a eleição do candidato. É fundamental que, ao assumir seu mandato, o político eleito mantenha aberto um canal de comunicação com seus eleitores: de uma lado, para manter-se atento às expectativas e exigências; de outro, para prestar contas de suas ações e criar um clima de credibilidade, aceitação e confiança. Manhanelli mostra a importância de uma estrutura de comunicação sólida e ágil.

REF. 10861   ISBN 85-323-0861-9

ELEIÇÃO É GUERRA
MARKETING PARA CAMPANHAS ELEITORAIS
Carlos Augusto Manhanelli

A importância do tratamento estratégico em uma campanha política e as técnicas de marketing consagradas em campanhas eleitorais. À medida que o coronelismo, os currais eleitorais e o clientelismo perdem força, a prática do marketing político como técnica de persuasão e cooptação se torna necessária nessa luta pela conquista do espaço político.

REF. 10410   ISBN 85-323-0410-9

JINGLES ELEITORAIS E MARKETING POLÍTICO
UMA DUPLA DO BARULHO
Carlos Manhanelli

Partindo da importância do jingle como ferramenta eleitoral, Carlos Manhanelli realiza nesta obra uma análise profunda das músicas de campanha veiculadas nas eleições presidenciais diretas entre 1930 e 2010. De Getulio Vargas a Dilma Roussef, o autor analisa o contexto histórico das campanhas, o perfil dos candidatos e as marcas discursivas das músicas eleitorais dos principais concorrentes.

REF. 10784   ISBN 978-85-323-0784-2